V&R

EDITION **Leid**faden
Hrsg. von Monika Müller

Die Buchreihe *Edition Leidfaden* ist Teil des Programmschwerpunkts »Trauerbegleitung« bei Vandenhoeck & Ruprecht, in dessen Zentrum seit 2012 die Zeitschrift »Leidfaden – Fachmagazin für Krisen, Leid, Trauer« steht. Die Edition bietet Grundlagen zu wichtigen Einzelthemen und Fragestellungen im (semi-)professionellen Umgang mit Trauernden.

Traugott Roser

Sexualität in Zeiten der Trauer

Wenn die Sehnsucht bleibt

Vandenhoeck & Ruprecht

Mit 2 Abbildungen

Bibliografische Information der Deutschen Nationalbibliothek
Die Deutsche Nationalbibliothek verzeichnet diese Publikation in der
Deutschen Nationalbibliografie; detaillierte bibliografische Daten sind
im Internet über http://dnb.d-nb.de abrufbar.

ISBN 978-3-525-40233-7

Weitere Ausgaben und Online-Angebote sind erhältlich unter: www.v-r.de

Umschlagabbildung: kathrin_hb/photocase.com

© 2014, Vandenhoeck & Ruprecht GmbH & Co. KG, Göttingen /
Vandenhoeck & Ruprecht LLC, Bristol, CT, U.S.A.
www.v-r.de
Alle Rechte vorbehalten. Das Werk und seine Teile sind urheberrechtlich
geschützt. Jede Verwertung in anderen als den gesetzlich zugelassenen Fällen
bedarf der vorherigen schriftlichen Einwilligung des Verlages.
Printed in Germany.

Satz: SchwabScantechnik, Göttingen
Umschlag: SchwabScantechnik, Göttingen
Druck und Bindung: ⊕ Hubert & Co., Göttingen

Gedruckt auf alterungsbeständigem Papier.

Inhalt

Das leere Bett – Einführung 7

Sexualität 11
Was heißt das eigentlich – Sexualität? 11
Heilsame Veränderungen: Wie Krankheit sich
auf Sexualität auswirken kann 14
Sexuelle Gesundheit – das Verständnis der WHO 20
Fruchtbarkeit – der Wunsch, etwas weiterzugeben zu können 22
Die vier Aspekte der Sexualität und ihre Bedeutung
in Trauermodellen 28

Erfahrungen 37
Internetforen – Mehr Antworten als erwünscht
(gemeinsam mit Annina Ligniez) 37
Die Sprache der Kleidung – den Körper vermissen 46
Zu sich selbst sprechen: Masturbieren 53
Die Sprachlosigkeit der Eltern: Sexualität nach dem Tod
eines Kindes 64
Fremdsprachen – Jugendliche zwischen Trauer und
Selbstfindung (von Moritz Emmelmann) 76
Fallbeispiele Sexualität und Trauer 83

Impulse für Begleitung und Beratung 87

Wir überbehutsamen Trauerbegleiter oder:
Die Kunst des »Darüber-Redens« 87

Focusing gegen Sprachlosigkeit oder: *felt sense*
gegen *spoken word* (von Annina Ligniez) 94

Die Weisheit der Märchen oder:
Vom Wachküssen und Erwachen der Sexualität 104

Zur Arbeit mit Filmen in der Trauerbegleitung 115

Impulsfragen für Begleiter*innen 132

Verwendete und empfohlene Literatur 135

Das leere Bett – Einführung

»*Und dann das leere Bett neben mir. Diese schreiende Stille nachts, wenn alle schlafen.*«

Die Aufzeichnungen im Tagebuch eines Trauernden (Kreuels, 2012), die er nach dem Tod seiner Frau Heike – nach 17 gemeinsamen Jahren – veröffentlicht hat, gehen mir unter die Haut. Sie drücken das aus, was vielfach Menschen empfinden, die um ihren Partner trauern. Meist bleiben diese Empfindungen in den geschützten Wänden des Schlafzimmers und werden selbst vor den nächsten Angehörigen verborgen, denn das leere Bett ist ja nicht nur der verwaiste Ort, an dem der oder die andere nachts schlief, sondern es ist der Ort, zu dem sich die Hände hinübertasten konnten, der dem Liebesspiel eine Bühne war, zärtlichen und leidenschaftlichen Umarmungen Platz bot und an dem intimste Gespräche sicher waren vor dem unerwünschten Lauschen anderer. Das »leere Bett neben mir« steht symbolisch für die radikalen Veränderungen, die Trauer um den Partner für die Sexualität mit sich bringt.

Es scheint, dass das Thema Sexualität in der Trauer bislang auch in die vier Wände des Schlafzimmers Betroffener eingesperrt gewesen ist. Bei der Recherche zu diesem Buch bin ich nur selten auf Literatur gestoßen; in vielen Werken zur Trauerbegleitung finden sich nur am Rande Hinweise auf die Frage, was mit der Sexualität in Zeiten der Trauer geschieht. Als ob das kein Thema wäre! Es ist wie ein großes Schweigen, so als ob es in der Trauer um Wichtigeres ginge.

Mit meinem Buch versuche ich, erste Schneisen in den Wald des Schweigens zu bahnen. Mehr ist es nicht: weder eine ausgefeilte

Theorie noch ein Ratgeber für Trauerbegleiterinnen und Trauerbegleiter[1]. Es ist auch kein Buch, das eine umfassende Aufarbeitung der vorhandenen Fachliteratur oder eine kritische Aufarbeitung von Literatur, Kunst, Musik und anderem darstellt. Es ist das Anbahnen eines Themas in der Hoffnung auf Resonanz: dass sich vorhandene Wege auftun, dass Fachleute und Betroffene sich zu Wort melden und dazu beitragen, die »schreiende Stille nachts« (und tags!) zu beenden.

Ich möchte Themen ansprechen, die mir relevant erscheinen, und hoffe dabei, dass berufenere Fachleute sich des Themas mit aller Gründlichkeit annehmen. Forscher, Sexualwissenschaftlerinnen, Psychotherapeuten, Ärztinnen, Seelsorgende, Sozial- und Kommunikationswissenschaftler, Ethnologinnen und so weiter.

Ich suche nach einer Sprache, die dem Gegenstand angemessen ist, und merke, dass sie mir schwerfällt. Ich bin kein Poet, der die Schönheit und Leidenschaft, die Traurigkeit und das Sehnen in Worte fassen kann. Dabei lässt sich all das, vielleicht das Eigentliche, was Sexualität umfasst, nur mit einer poetischen Sprachfertigkeit beschreiben. Ich will in diesem Band aber auch nicht zu sehr Wissenschaftssprache verwenden, auch wenn nur sie Wichtiges zum Begreifen und Verstehen bringt. Ich will schon gar nicht Straßenslang und die Sprache der Pornografie verwenden, auch wenn sie für viele Menschen das einzige Vokabular sind, das sie zur Verfügung haben. Die Leser mögen mir verzeihen, wenn meine Sprache schlichtweg nicht ausreicht. Vielleicht finden sie andere, angemessenere und perspektivisch präzisere Worte, Sätze und Bilder.

Mein Büchlein ist auch keineswegs umfassend und abschließend. Beide, das Areal von Trauer und das Areal von Sexualität, sind viel größer und für mich zu unübersichtlich, als dass ich sie abschließend beschreiben oder erkunden könnte. Dieses Buch gleicht ers-

---

1 Im Buch werden weibliche und männliche Form unregelmäßig abwechselnd verwendet. An manchen Stellen verwende ich ein * (zum Beispiel bei Klient*in), um auch Menschen mit nicht eindeutig männlicher oder weiblicher Geschlechtszugehörigkeit zu umfassen.

ten Schritten, die ich auf ein Terrain setze, wissend, dass dort viele sich bewegen, aber leider ihre Wegkunde und ihre Erfahrungen für sich behalten.

Immerhin: Einige Erkundungen habe ich vorgefunden. Im Buch werde ich viel von Kinofilmen oder anderen populären Medien berichten, sofern sie in Bildern Sexualität erzählen. Offenbar tun sich Filmschaffende leichter, Zärtlichkeit, Sex, Schmerz und Leidenschaft in Bilder umzusetzen und sie einem Publikum, das im Dunkeln sitzt, vor Augen zu führen (vgl. dazu die aufschlussreiche Untersuchung von Stefanie Knauss, 2014). Wo mir Filme besonders eindrücklich im Gedächtnis geblieben sind, wage ich, sie knapp nachzuerzählen. Darüber hinaus habe ich Kundige anderer Genres gebeten, ihre Leseerfahrungen ebenfalls zu Papier zu bringen. Zwei dieser Expert*innen haben eigene Kapitel beigesteuert, die mir zu schreiben unmöglich wäre. Ihnen, Dr. Annina Ligniez und Moritz Emmelmann, sei herzlich für ihren Mut und ihre Expertise gedankt, ebenso Claudia Rüdiger für das sorgfältige Lesen.

Bedanken möchte ich mich auch besonders beim Verlag Vandenhoeck & Ruprecht, bei Ulrike Kamp, sowie der Herausgeberin der *Edition Leidfaden,* Monika Müller, die mich zu diesem Band ermutigt und mit dem Mutmachen auch dann nicht nachgelassen hat, wenn mir immer wieder Zweifel am Vorhaben kamen. Ihr Rat ist mir nicht nur für dieses Buch, sondern weit darüber hinaus wichtig und immer willkommen.

Mit dem Buch wende ich mich an Trauerbegleiterinnen und Trauerbegleiter. Auf einen biografischen Selbstbericht (Roser, 2013) erhielt ich viele E-Mails und Briefe von Begleiter*innen. Auch sie haben mich ermutigt, das Thema einmal breiter anzugehen. In der Hoffnung, dass sie das Gespräch suchen, Widerspruch wagen oder es zum Anlass nehmen, in ihrer Beratungspraxis die Bedeutung von Sexualität in Zeiten der Trauer zu integrieren, soll dieses Buch der Anfang eines Prozesses sein. Es wäre schön, wenn am Ende Trauernde, die sich mit ihrer Sexualität auseinandersetzen, nicht auf Schlafende, sondern auf wache und anteilnehmende Gesprächspartner stoßen würden. Vor allem wäre ich froh, wenn das Buch

Anstoß geben würde zu sensibler Forschung in unterschiedlichen Wissenschaftsdisziplinen.

Widmen möchte ich dieses Buch meinem Mann, Freund und Partner Daniel. Ohne seine Unterstützung, sein Verständnis und seine Offenheit hätte ich gar nicht jenseits der eigenen und privaten vier Wände über Sexualität sprechen, geschweige denn schreiben können. Während des Schreibens hat er mich immer kritisch und konstruktiv motiviert, nicht zuletzt indem er – selbst in Trauerbegleitung mit reicher Erfahrung ausgestattet – sagte, es brauche dieses Buch.

Dass dem Geschriebenen eigene Erfahrungen vorausgehen, soll nicht verheimlicht sein. Sie bilden aber nicht den Ausgangspunkt und auch nicht das zentrale Thema. Ohne sie wäre es mir jedoch nicht möglich gewesen, mich angstfrei auf heikles Terrain zu begeben. Ich bin ein Überlebender.

Sexualität

Was heißt das eigentlich – Sexualität?

Sex sells. Überall wird man mit aufreizenden Bildern bombardiert, in der Werbung, im Fernsehen, in den Boulevard-Blättern. An der Bushaltestelle erfährt man, dass Victoria, die Ehefrau von Fußball-Star David Beckham, knappste Spitzenunterwäsche trägt, während man selbst vielleicht im Wintermantel der Kälte zu entrinnen sucht. Es ist sicher kein Geheimnis, dass der athletisch gebaute Gatte David im Baumwoll-Stretch-Höschen gegenhalten kann. Sex sells. Manche Stars machen aus ihrem Intimleben kein großes Geheimnis, aber sie machen damit sicher reichlich Kasse. Sex ist überall. Aber ob das immer gut ist?

Kaum ein Film im Kino oder Fernsehen kommt ohne Sexszene aus. Bücher, die sich verkaufen wollen, müssen Tabus brechen. Denken Sie nur an Charlotte Roche und ihre detaillierten »Feuchtgebiete«. Musikvideos kommen ohne die Reize leichtbekleideter Damen oder das Machismo-Gehabe von – entweder schwer übergewichtigen (und dann in teures Tuch gehüllten) oder waschbrettbauchigen und Fitnessstudio-gestählten – Männern nicht mehr aus. Wahrscheinlich geht man nicht ganz fehl, wenn man Michael Jackson dafür verantwortlich macht, der sich beständig und vor aller Kinder Augen in den Schritt griff, obwohl er sich selbst gern als Peter Pan, ewig unschuldiges Kind, dargestellt sah. Der verklemmte Griff zu den Genitalien sprach Bände, aber zeugte nicht von einer reifen Sexualität.

Ehrlich gesagt: Mich nervt es, dass wir in einer Umwelt leben, in der man überall bedrängt wird mit Bildern, Texten und Botschaften, die aufreizend sein sollen und dann doch nur einen Anreiz kennen, nämlich den, etwas zu kaufen. Es ist eine Pornografisierung von Sexualität, die dem kaum gerecht wird, was Sexualität für viele Menschen bedeutet.

Was also ist Sexualität eigentlich, und was ist damit in diesem Buch gemeint? Um es gleich vorweg zu nehmen: Mein Verständnis von Sexualität beschränkt sich nicht auf sexuelle Handlungen wie Geschlechtsverkehr. An der einengenden Definition ist schon der ehemalige US-amerikanische Präsident Bill Clinton gescheitert, als er versuchte, die Affäre mit seiner Praktikantin Monica Lewinsky aus der Welt zu schaffen. Als er am 26. Januar 1998 in einer Erklärung vor den Fernsehkameras die Anschuldigungen eines Ehebruchs bestritt, tat er dies durch definitorische Haarspalterei: »I did not have sexual relations with that woman, Miss Lewinsky.« – Sexuelle Beziehungen waren für ihn (und, wie er wohl hoffte, auch für die Öffentlichkeit) ausschließlich Beischlaf. Und nachdem er mit Frau Lewinsky nicht im klassischen Sinn geschlafen hatte, habe er auch keine sexuelle Beziehung zu ihr gehabt.

Was wie ein Treppenwitz aus der jüngeren amerikanischen Geschichte anmutet, findet seine Entsprechung leider auch in zahlreichen wissenschaftlichen Studien zu Sexualität: Sexualität, sexuelle Aktivität und sexuelle Beziehungen drehen sich immer und immer wieder um »das Eine«, ob man »es« tut, noch tut, und wenn ja, wie oft und mit wem. Aber es geht doch um viel mehr und manchmal auch um anderes. Vor allem, wenn Sexualität in Zeiten der Trauer in den Blick kommt.

Die an der Universität von Sheffield lehrende Altersforscherin Merryn Gott hat ein Buch zu Sexualität, sexueller Gesundheit und Altern geschrieben, für das sie viele wissenschaftliche Studien untersucht und sie auf ihr Verständnis von Sexualität hin befragt hat. Wenn Sexualwissenschaftler und Therapeutinnen erforschen, ob und wie Menschen im höheren Alter Sexualität verstehen und leben, verwenden sie Fragebögen und Messverfahren, die meist mit vorgegebenen und bestimmten Konstrukten dessen arbeiten, was sie mit Sexualität verbinden. Das ernüchternde Fazit von Merryn Gott lautet: »[…] sobald Sexualität zum Zweck empirischer Forschungsprojekte ›operationalisiert‹ werden muss, ist alle Komplexität schnell vergessen. Tatsächlich ist es so, dass die meisten Autoren angesichts des besorgniserregenden Mangels an [definitorischer] Klarheit entweder implizit oder explizit feststellen, dass ihre Definition von Sexualität sich auf sexuelle Aktivität bezieht, oder genauer, (hetero-) sexuellen Geschlechtsverkehr« (Gott, 2005, S. 12; eigene Übers.).

Die Autorin versucht nun nicht, eine weitere, vielleicht sogar offenere Definition vorzuschlagen. Vielleicht hat sie die Sorge, dass eine solche Definition am Ende alles und zugleich nichts besagt. Sie verweist darauf, dass unser heutiges Verständnis von Sexualität ein »soziales Konstrukt« darstellt, zusammengesetzt aus zahlreichen möglichen biologischen und mentalen Bausteinen – Aspekten wie Geschlechtsidentität, Körperempfinden und körperlichen Unterschieden, Fortpflanzungsfähigkeit, Bedürfnissen, Sehnsüchten und Phantasien –, die vielleicht gar nicht zusammenhängen oder zusammenpassen müssen. Merryn Gott entspricht damit einer allgemeinen Verunsicherung, Sexualität nicht mehr eindeutig bestimmen zu können.

In einem Lexikon wird darum der Umweg genommen, sich von einseitig biologischen Modellen einerseits und nicht weniger einseitigen soziokulturellen Erklärungsansätzen andererseits zu lösen und einen Mittelweg zu gehen: »Angemessen scheint eine Bestimmung der Sexualität als eines dialektischen Zusammenhangs von biologischen Voraussetzungen, wie dem Sexualtrieb (Libido), und der jeweiligen kulturellen Ausformung sowie der je individuellen (geschlechterspezifischen) Aneignung. Dem korrespondiert die Unterscheidung von ›sex‹ (biologische Geschlechtszugehörigkeit) und ›gender‹ (sozialisierte Geschlechtsrolle) in der feministischen Theorie« (Haspel, 2001, Sp. 1393).

Nichts ist von sich aus sexuell. Und nichts ist von sich aus asexuell. Auch Trauer ist per se weder sexuell noch asexuell. Ob Sexualität eine Rolle in der Trauer spielt oder nicht, ist eine Frage der Zugangsweise. Dabei ist es aber wichtig, die Offenheit zu wahren und Sexualität/Asexualität nicht auf die Frage zu reduzieren, ob und wie Trauernde »Sex haben«.

Das Verständnis von Sexualität, das in diesem Buch zur Geltung kommt, ist aus Begegnungen erwachsen – mit Menschen, mit Literatur und mit Kultur. In der Auseinandersetzung einerseits mit von Krankheit und Trauer betroffenen Menschen und andererseits mit wissenschaftlicher Literatur. Und nicht zuletzt auch mit Recherche in Filmen und Romanen. Dies soll im Folgenden knapp dargestellt werden, wobei immer zu beachten ist, dass ich als Autor eigenständige Erfahrungen und Einstellungen mitbringe – wie dies auch bei der Leserin und dem Leser zu erwarten ist.

Gegen Ende des Buches ermutige ich Trauerberaterinnen und -berater zur Arbeit mit dem Medium Film in der Trauerbegleitung und gebe ein paar Hinweise auf geeignete Filme und ihren Einsatz in der Beratungsarbeit.

Heilsame Veränderungen: Wie Krankheit sich auf Sexualität auswirken kann

Gemeinsam mit einem Forscherteam verschiedener Universitäten, darunter ein Team an der McGill University in Montreal, Kanada, unter Leitung von S. Robin Cohen und einem Team der Ludwig-Maximilians-Universität München unter Leitung der Kommunikations- und Sozialwissenschaftlerin Maria Wasner führte ich vor ein paar Jahren Interviews mit an fortgeschrittenem Krebs erkrankten Patient*innen und ihren Partner*innen. Wir befragten sie anhand eines offen gestalteten Interviewleitfadens nach ihrem Verständnis von Sexualität und Intimität, nach Veränderungen im Verlauf der Erkrankung sowohl im Blick auf ihr Verständnis als auch auf ihre Erfahrung von Sexualität – und schließlich nach ihrem Wunsch und ihrer Erfahrung, darüber zu sprechen.[1]

27 Patient*innen und sieben Partner*innen beiderlei Geschlechts

---

1 Die im Folgenden geschilderten Ergebnisse wurden von Maria Wasner und mir erstmals auf dem nordamerikanischen Palliativkongress in Montreal vorgestellt. Die Publikation ist in Arbeit.

ließen sich befragen, in einer Altersspanne von 31 bis 86 Jahren. 24 waren verheiratet oder in einer festen Partnerschaft lebend, drei der Befragten gaben an, homosexuell zu sein. Eine Analyse der Antworten ergab drei unterschiedliche Verständnisaspekte von Sexualität: eines, das sich klar auf Geschlechtsverkehr begrenzte und das wir nach der Analyse als »reduktionistisch« (englisch: *reductionist*) klassifizierten; ein zweites, das wir »erfahrungsorientiert« (englisch: *experiential*) nannten und bei dem die Erfahrung von körperlicher Nähe, Berührung, Händehalten, Austausch von Blicken bis zum »Spaßhaben« im Vordergrund stand. Ein drittes Verständnis nannten wir »beziehungsorientiert« (englisch: *relational*), weil es sich klar auf Beziehungsaspekte, gemeinsame Unternehmungen, gemeinsam verbrachte Zeit bezog und diese in das Zentrum von Sexualität und Intimität stellte.

Eine 46-jährige Patientin mit Brustkrebs auf einer Palliativstation sagte: »Früher war Sexualität eher der reine Geschlechtsakt für mich – das ist jetzt anders. Ich brauche heute mehr Nähe als früher, mehr Wärme. Ich nehme im Gegensatz zu früher menschliche Kontakte jetzt viel intensiver wahr – ob eine Berührung oder Anlehnung oder einfach ein herzlicher Umgang miteinander.«

In den Interviews bestand ein deutlicher Unterschied zwischen denjenigen, für die der Aspekt Geschlechtsverkehr im Zentrum stand, und denen, die eher Erfahrungs- und Beziehungsaspekte in den Mittelpunkt stellten. Diejenigen mit einem »reduktionistischen« Verständnis – also im Sinne von Sexualität = Geschlechtsverkehr – litten erheblich, wenn die Krebserkrankung und Nebenwirkungen der Behandlung sie zum Verzicht auf Sex zwangen. Sie reagierten auf den Verlust mit Trauer und gaben an, dass ihre Lebensqualität schlechter geworden sei.

Diejenigen, die von Haus aus ein umfassenderes Verständnis hatten oder deren Verständnis sich mit der Zeit veränderte, berichteten, dass ihr Begriff von Sexualität sich weg von einem Fokus auf Geschlechtsverkehr hin zu Beziehungs- und Erfahrungsaspekten entwickelte. Sie erlebten dies als eine heilsame Erfahrung, die sich positiv auf ihre Lebensqualität auswirkte. Ein Ehemann einer an

Krebs erkrankten Frau sagte: »Es ist ein Trost, und Trost ist es, was sie im Moment braucht; und wenn sie Schmerzen hat oder etwas Ähnliches, dann fasse ich sie bei der Hand und lege ihren Kopf an meine Schulter, und sie kann einschlafen. Das ist dann für mich eine Gute-Nacht-Aufgabe: Nimm ihre Hände, beruhige sie. Entspann dich erst mal; komm, nimm meine Hand und entspann dich.«

Einige Gesprächspartner gaben an, dass Geschlechtsverkehr für sie angesichts der Krankheit weniger wichtig war. Manche gaben an, dass sie gar keinen Geschlechtsverkehr mehr hätten. Wenn ihnen dies vor Beginn der Krankheit sehr wichtig gewesen war, empfanden sie dessen Abbruch als Verlust, den sie notgedrungen hinnehmen mussten. Wenn es ihnen aber gelang, andere Weisen zu entdecken, durch die sie ihre Sexualität ausdrücken konnten, dann wirkte sich dies stärkend und ermutigend aus: dass Sexualität noch immer existieren konnte, selbst in den engen Grenzen, die ihnen die Krankheit und ihre Behandlung aufzwang. Sie empfanden die Erfahrung durch körperliche Nähe und eine intensiver gelebte Beziehung als bereichernd. Ein 59-jähriger Patient sagte: »Sexualität ist viel mehr als der reine Geschlechtsakt. Berührungen, Nähe und Intimität werde ich bis zu meinem letzten Atemzug genießen.«

Allerdings bedeutete für manche unserer Gesprächspartner der Verzicht auf Geschlechtsverkehr eine Steigerung psychischen Stressempfindens, erzeugte Gefühle von Schuld und die Empfindung von Trauer. Manchmal war es so, dass die Schuldgefühle sich vor allem auf den Partner bezogen: als ob man ihn oder sie um etwas bringen, ihr etwas nehmen würde, was ihr eigentlich zustand. Mitunter war es auch ein Gefühl, als ob man sich selbst dem Partner nicht mehr zumuten könnte. In diesen Gesprächen war Traurigkeit zu spüren. Es war aber besonders in diesen Gesprächen zu bemerken, wie schwer sich die Partner taten, miteinander darüber zu reden.

An ein Ehepaar, mit dem ich das Gespräch gemeinsam geführt hatte, kann ich mich gut erinnern. Er war ein etwa 70-jähriger Patient mit einem fortgeschrittenen Prostatakarzinom. Er erzählte zum ersten Mal in Anwesenheit seiner Frau, wie schwierig die Auswirkungen auf das Sexualleben für ihn gewesen seien: »Ich kann ihr einfach nicht mehr der Mann sein, der ich war.« Die Ehefrau zeigte sich tief bestürzt: »Ich hatte keine Ahnung, dass dich das so belastet.« Sie meinte, er leide unter dem Verlust der Funktionsfähigkeit. Dass er traurig war, sie in Mitleidenschaft gezogen zu haben, hatte sie gar nicht in Betracht gezogen. »Wir haben einfach noch nie darüber gesprochen, aber das wird sich nun ändern.« Das Ehepaar beschloss, im Rahmen der psychoonkologischen Betreuung das Thema zu vertiefen.

Unsere Ergebnisse stimmen mit anderen Forschungen überein. Eine Forschergruppe in Australien beschäftigt sich schon seit Jahren mit der Frage, wie sich Paarbeziehungen ändern, wenn eine schwere Krebserkrankung dazu führt, dass einer der beiden Partner immer mehr die Rolle des pflegenden Angehörigen übernimmt (Gilbert et al., 2009, 2010a, 2010b). Über 80 Prozent der Partner klagen nach längerer Krankheitsdauer über »verheerende« Auswirkungen. Das gilt nicht nur für Krebserkrankungen wie Brustkrebs oder Prostatakrebs, sondern für ganz viele Erkrankungen ohne Bezug zu den Sexualorganen.

Wie auch in unserer Untersuchung veränderte sich die sexuelle Beziehung: Zwischen 76 Prozent und 84 Prozent berichteten entsprechend eine deutliche Abnahme an Geschlechtsverkehr bis hin zu seiner völligen Beendigung, bedingt durch eine Abnahme des Begehrens beim Patienten oder auch durch Erschöpfung und Stress beim Pflegenden. Mitunter wurden Rollenveränderungen berichtet, die dem Patienten die Rolle eines Kindes oder eines asexuellen Kranken zuwiesen; aber auch die Einstellung beim pflegenden Partner, dass sexuelles Verhalten gegenüber dem kranken Partner unangebracht wäre. Die pflegenden Partner akzeptierten zumeist die Einschränkungen, aber sie brachten auch zum Ausdruck, dass sie sich enttäuscht, wütend oder traurig fühlten.

In einer der australischen Studien berichtete nur etwa ein Fünftel der Frauen und nur 14 Prozent der befragten Männer, dass sie in der Lage gewesen seien, ihre Sexualität und Intimität »neu zu verhandeln« (Hawkins et al., 2009). Wo dies der Fall war, gab es aber auch positive Entwicklungen wie eine vertiefte Nähe und Intimität der Partner. In einer qualitativen Befragung gab knapp die Hälfte der Gesprächspartner an, dass sie in der Lage gewesen seien, ihre gemeinsame Sexualität umzustellen. Sie nannten dabei auch Sexualpraktiken, die an die Stelle von Geschlechtsverkehr gerückt waren, darunter Masturbation, Oralverkehr, Massage, die Verwendung von Hilfsmitteln, Küssen und Umarmungen. Wie bereits in unseren eigenen Forschungen stellte sich vor allem die Bereitschaft der Paare zur Kommunikation als alles weitere bestimmend heraus: Wenn es gelang, den »koitalen Imperativ« (Gilbert et al., 2010b) zu überwinden, erweiterte sich nicht nur das Spektrum von Sexualität, sondern vertiefte sich auch die Erfahrung von Nähe.

Was unser Forschungsteam insgesamt erstaunte, war die Fähigkeit der schwer kranken Patienten und Patientinnen und der Partner*innen, flexibel mit Sexualität umzugehen, das eigene und das gemeinsame Verhalten umzustellen und sich auf andere oder neue Erfahrungen einzulassen. Gerade dann, wenn die Krankheit und die Behandlung bisher gewohnte und liebgewonnene Formen sexueller Aktivität unmöglich machten oder einschränkten, eröffneten sich andere Weisen, körperliche Nähe und Vertrautheit auszudrücken. Diese Umstellung und die Fähigkeit, miteinander darüber zu sprechen, scheint eine wichtige Rolle dabei zu spielen, dass trotz der erheblichen Belastungen körperlicher, psychischer, materieller und auch spiritueller Art, trotz der Krankheit und der Pflege die Zeit der Erkrankung im Rückblick als wertvoll und bereichernd angesehen werden kann (Wong et al., 2008). Der Münchner Psychotherapeut Martin Fegg und sein Forschungsteam haben sogar nachweisen können, dass bei Palliativpatienten der Bereich Partnerschaft in seiner Bedeutung für die Erfahrung von Lebenssinn zulegt, sowohl gegenüber einer Vergleichsgruppe Gesunder als auch einer Vergleichsgruppe von nichtpalliativen Krebspatienten (Fegg et al., 2008).

Was wir aber auch feststellten, war, dass der Umgang mit Sexualität in der Krankheitssituation und in der Situation des nahen Todes immer davon abhing, wie die Betroffenen in früheren Zeiten ihres Lebens damit umgegangen waren. Die Paare und einige der alleinstehenden Patienten und Patientinnen, die wir befragten, erzählten von früheren Zeiten, von ihrer Jugend und vom Älterwerden, wenn sie über Veränderungen in ihrem Sexualleben berichteten. Die biografischen Erfahrungen erwiesen sich als der Grund, in den auch die neue Situation eingezeichnet wurde und von dem her Veränderungen verstanden wurden.

Als Fazit für das hier verwendete Verständnis von Sexualität in Zeiten der Trauer bleibt mir dieses: Sexualität existiert auch in Zeiten von Krankheit und Sterben; bei einem verengten Verständnis, das nur an Geschlechtsverkehr und dem Funktionieren der Sexualorgane interessiert ist, kommt es in diesen Zeiten zu deutlichen Einbrüchen, die als belastend und Lebensqualität mindernd erlebt werden. Wenn das Verständnis von Sexualität sich während der Zeit der Erkrankung verändert hat, kann diese Zeit – für den überlebenden Partner im Rückblick – besonders in Bezug auf erlebte Intimität und die Partnerschaft als bereichernd und sinnstiftend erlebt werden. Diese Erfahrung und dieser Wandel des eigenen Verständnisses gehen mit dem Tod des Partners nicht verloren, sondern bleiben erhalten und können mitunter auch Resilienz-stiftend wirken.

Das gilt allerdings auch dort, wo Partner nicht in der Lage waren, über ihre Bedürfnisse und die Situation der Beziehung zu sprechen. Die britische Familientherapeutin Jenny Altschuler beschreibt dies insbesondere für Paare, in denen eine der Partner*innen von chronischen Krankheiten, Lähmung oder anderen körperlichen Veränderungen betroffen ist. Manche Paare hören einfach auf, auf einer körperlichen Basis miteinander zu verkehren, meist schweigend und ohne Diskussion, aus der Sorge, den anderen mit den eigenen Gefühlen noch mehr zu belasten. Der Effekt ist, dass sie für den jeweils anderen emotional nicht mehr greifbar sind und sich einander nicht mehr öffnen können (Altschuler, 2005). Nach dem Tod des kranken Partners kann dies als ein vorweggenommener Verlust von Beziehung die Trauer bestimmen.

Ich erinnere mich an einen 67-jährigen Lebenspartner einer Patientin. Als ihm auf der Palliativstation angeboten wurde, über

Nacht im Zimmer seiner Frau zu bleiben, antwortete er: »Ich würde schon gern. Aber meine Frau und ich, wir haben auch zu Hause kein gemeinsames Schlafzimmer. Ich glaube nicht, dass sie das will. Nein. Aber danke für das Angebot.« Erläuternd fügte er hinzu, kurz nach der ersten Operation hätten sie das gemeinsame Schlafzimmer aufgegeben. Seine Frau habe nachts oft nicht schlafen können, habe ihn aber nicht stören wollen. Ihm habe die Nähe seiner Frau schon sehr gefehlt. Schon jetzt sei das Bett immer leer, wenn er auf »ihre« Seite hinübertaste. Es komme kaum mehr zu Zärtlichkeiten zwischen ihnen: »Ein Kuss hier und da, zur Begrüßung und zum Abschied im Krankenzimmer, aber sonst fast gar nichts. Ich sehne mich sehr danach, aber ich möchte sie mit meinem Kram nicht belasten, sie hat ganz anderes im Kopf.«

Im dritten Teil dieses Buches gebe ich einige Gesprächsimpulse aus den genannten Studien wieder, um Möglichkeiten aufzuzeigen, das schwierige Thema direkt und diskret anzusprechen.

Sexuelle Gesundheit – das Verständnis der WHO

Maßgeblich für ein allgemein anerkanntes Verständnis von Sexualität ist – neben den subjektiven Erfahrungen der betroffenen Menschen – das, was angesehene Fachgesellschaften und Organisationen dazu sagen. Die Weltgesundheitsorganisation (WHO) hat im Jahr 2002 intensiv damit begonnen, sich mit dem Thema »sexuelle Gesundheit« zu befassen.[2] Sie reagierte auf global grassierende Pandemien wie Aids, die Zunahme von Krankheiten, die beim Geschlechtsverkehr oder durch sexuelle Kontakte übertragen werden, und nicht zuletzt auf ein neues Bewusstsein für sexuelle Gewalt. In vielen Kulturen hängt diese mit traditionellen Geschlechterrollen zusammen und prägt bei einzelnen Menschen und Gruppen

---

2 Die folgenden Ausführungen basieren auf: WHO Department of Reproductive Health and Research, Progress in Reproductive Health Research Nr. 67, Genf 2004.

Verständnis, Praxis und Umgang mit Sexualität. Die zuständige Behörde in der WHO heißt bezeichnenderweise »WHO-Abteilung für Fortpflanzungsgesundheit und Forschung« *(WHO Department of Reproductive Health and Research)*. Sexualität gehörte also für die längste Zeit vor allem zum Thema »Fortpflanzung« und war damit für die politisch tätige Organisation erst einmal rein funktional definiert.

Angesichts der Epidemien und globalen Missstände wurde klar, dass Fortpflanzung ein wichtiger Aspekt sexueller Aktivität ist, aber längst nicht darin aufgeht. Ein Prozess des Nachdenkens, Recherchierens und Definierens setzte ein, an dessen Ende im Jahr 2004 eine Arbeitsdefinition »sexuelle Gesundheit« stand, die kulturübergreifende Gültigkeit beanspruchen sollte. Ziel war es, Bildungsprogramme auf eine verlässliche, durch Forschung abgesicherte Basis zu stellen und zugleich die Kenntnis und das Verständnis sozialer und kultureller Faktoren zu erhalten, die schädliche und gefährliche Sexpraktiken bedingen. Die Arbeitsdefinition lautete:

»Sexuelle Gesundheit ist ein Zustand physischen, emotionalen, mentalen und sozialen Wohlbefindens in Bezug auf Sexualität; es ist nicht lediglich die Abwesenheit von Krankheit, Funktionsverlust oder Schwäche. Sexuelle Gesundheit bedarf eines positiven und respektvollen Zugangs zu Sexualität und zu sexuellen Beziehungen sowie der Möglichkeit, befriedigende und sichere sexuelle Erfahrungen zu haben, frei von Nötigung, Diskriminierung und Gewalt« (WHO, 2002; eigene Übers.).

Dass sexuelle Gesundheit sich nicht auf die Fähigkeit zur Fortpflanzung reduzieren lässt, wurde schnell klar. Sexuelle Gesundheit ist ein Faktor, der Fortpflanzungsfähigkeit bedingt, aber sexuelle Gesundheit bleibt über die gesamte Lebenszeit hinweg wichtig – und nicht nur auf die Jahre der Reproduktivität oder auch nur auf die Menschen beschränkt, die sich in einer Partnerschaft befinden, in der biologische Reproduktion möglich ist. Das ist ein erster und wichtiger Sieg, der auch für das Thema Trauer von Bedeu-

tung ist. Denn solange Sexualität lediglich im Zusammenhang mit Fruchtbarkeit als gesund und moralisch galt, konnte und durfte sie in Trauerzeiten nicht stattfinden, jedenfalls solange nicht, bis der Wunsch nach Fortpflanzung und Reproduktion die Suche nach einem neuen Partner unumgänglich machte. Mit einem Mal wurde klar, dass es um ein weites Feld von Fragen ging, die meines Erachtens auch im Zusammenhang von Trauer eine Rolle spielen:
- Sexuell übertragbare Infektionen, einschließlich HIV und ansteckende Infektionen der Fortpflanzungsorgane,
- ungewollte Schwangerschaft und gesundheitsgefährdende Techniken des Schwangerschaftsabbruchs,
- Unfruchtbarkeit,
- sexuelles Wohlbefinden – einschließlich sexueller Befriedigung, Freude und Dysfunktion,
- sexuelle Gewalt,
- einige Aspekte mentaler Gesundheit,
- Auswirkungen körperlicher Behinderung und chronischer Erkrankungen auf sexuelle Gesundheit,
- Beschneidung.

Während manche dieser Fragen in Zeiten der Trauer eine wahrscheinlich eher nachgeordnete Rolle spielen, trifft dies für andere deutlicher zu. Nur eine kleine Auswahl von Themen soll hier bedacht werden:

Fruchtbarkeit – der Wunsch, etwas weitergeben zu können

Das Thema Fruchtbarkeit/Unfruchtbarkeit stellt für manche Paare ein großes Problem dar, wenn ein Kinderwunsch durch eine schwere Erkrankung oder durch die Behandlung unmöglich gemacht wird. Nicht selten taucht in beratenden Gesprächen die Frage auf, ob ein Mann vielleicht Sperma einfrieren lassen soll, um eine Schwangerschaft zu einem späteren Zeitpunkt zumindest potenziell möglich zu machen. Nicht weniger trauern manche Patienten, die zu früh in ihrer Partnerschaft oder vielleicht noch zuvor mit einer unheilbaren Erkrankung konfrontiert werden, um einen zerplatzenden Traum, eine Familie gründen zu können. Gerade weil am Ende des Lebens die Frage wichtig wird, was von einem bleibt, wenn man selbst nicht mehr ist – im Fachdeutsch als Wunsch nach Weitergeben/»Generativität« bezeichnet (vgl. Büssing et al., 2012) –, kommt dem unerfüllt gebliebenen Kinderwunsch große Bedeutung zu; manchmal ist gerade das die subjektiv tragische Seite des Schicksals.

Erik Erikson hat den Wunsch, seine Lebenserfahrungen an andere weitergeben zu können, und die Gewissheit, dass das eigene Leben Sinn und Wert hatte, als charakteristisch für die letzte Entwicklungsphase des reifen Alters bezeichnet. Erikson hat damit zwar mehr an Weisheit und Entsagung als an Sexualität gedacht, aber dass Sexualität im Zusammenhang mit Fruchtbarkeit etwas mit Altruismus zu tun hat – also dem Geben und Denken an andere als sich selbst, dem Sich-Entäußern –, wird kaum zu leugnen sein. Das Weitergebenkönnen ist ein wichtiger Bestandteil des Umgangs mit der eigenen Krankheit. Das Wissen, dass man kein neues Leben wird schenken können, kann belastend sein.

Schwangerschaftsabbruch – Verschwiegene Trauer

Auch das Thema Schwangerschaft und Schwangerschaftsabbruch spielt in der Trauersituation mitunter eine nicht zu unterschätzende Rolle. Eine ältere Dame bat eine meiner Kolleginnen um ein Gespräch. Sie wollte endlich etwas loswerden, was sie bislang noch nie ausgesprochen hatte: den Abbruch ihrer Schwangerschaft in den Wochen des Kriegsendes. Ihr Mann war kurz vor Kriegsende noch einmal auf Heimaturlaub gewesen und dann in Gefangenschaft geraten; sie wurde schwanger, musste aber trotzdem mit ihren kleinen Kindern die Flucht antreten. Sie konnte sich eine Schwangerschaft nicht vorstellen angesichts der Strapazen der Flucht und ihrer Verantwortung für ihre lebenden Kinder. Mit Hilfe einer kundigen Frau brach sie die Schwangerschaft ab. Ihre anderen Kinder überlebten und brachten es später alle zu einem – aus Sicht der Mutter – erfolgreichen Leben; ihr Mann kehrte aus der Gefangenschaft zurück und das Ehepaar führte ein erfülltes Leben. Sie hatte ihm nie von der Schwangerschaft erzählt. Nun, am Ende ihres Lebens, plagten sie nicht nur Schuldgefühle, sondern auch Trauer und ein Gefühl von Scham. Mit wem hätte sie in den 1950er und 1960er Jahren darüber sprechen können? Wie hätte sie sich in den Zeiten äußern sollen, in denen die gesetzliche Regelung des Schwangerschaftsabbruchs geradezu als Bekenntnisfrage verhandelt wurde? Wie hätte sie sich in ihrem streng religiösen Umfeld zu ihrer damaligen Entscheidung äußern sollen? Sie hatte die Erinnerung daran säuberlich verstaut, bis sie im hohen Alter wieder nach oben drang und danach verlangte, betrauert zu werden. Zu ihrer Gesundheit in der letzten Lebensphase gehörte es, dieses lange verschwiegene Kapitel ihrer Geschichte als Frau und Mutter zum Gegenstand ihrer erzählten Biografie zu machen und es in ihr Bild von sich selbst aufzunehmen. Gelingen konnte das nur, indem sie es einem Gegenüber erzählte, von dem sie wusste, dass sie nicht wertend und nicht urteilend reagieren würde, aber auch nicht abwiegelnd auf die Umstände verweisen würde.

Infektionskrankheiten – Wenn Scham die Trauer belastet

Auch das Thema sexuell ansteckender Infektionen hat seine Bedeutung für die Situation der Trauer. Eine ganze Generation von überwiegend schwulen Männern, aber im weltweiten Kontext gesehen ebenso viele Frauen wie Männer, mussten ab den 1980er Jahren damit kämpfen, dass ihre Partner, sie selbst oder viele Freunde an einer grausamen und bis heute unheilbaren Krankheit litten und starben, die in der Öffentlichkeit schnell das Etikett »Lustseuche« oder »Schwulenkrebs« erhielt.

Ich erinnere mich gut an die Trauerfeier für meinen Freund G., einen Mann Mitte vierzig, der zu den ersten Männern in meinem Umfeld gehörte, der an Aids starb. Er war ein aus Niederbayern stammender, frommer Katholik, seinem Glauben – aber nicht der Kirchenlehre – immer treu verbunden. In den wenigen Jahren, in denen schwule Männer ihre Sexualität nach Jahrzehnten der Angst vor Gefängnis und Bloßstellung zum ersten Mal ohne Angst ausleben konnten, infizierte er sich mit dem Virus, von dem kein Mensch etwas ahnte. In den Jahren der Krankheit begleitete ihn sein Partner R., der sich Gott sei Dank nicht ansteckte. Sie machten einander keine Vorwürfe; aber es brauchte einige Zeit, bis sich G. und R. frei machten von den Anklagen, die damals nicht nur durch die Boulevard-Medien, nicht nur durch frömmelnde Zeitungen, sondern auch aus den Mündern von Politikern klangen und die schwule Sexualität unter Generalverdacht stellten. Joseph Kardinal Höffner bezeichnete »Aids als Heimsuchung Gottes« (Presseamt des Erzbistums Köln, 1987) und heizte damit die Stimmung in diskriminierender Weise deutlich auf.

Bei G.s Beerdigung gelang es, dass seine tiefgläubigen katholischen Eltern und seine beiden Brüder mit ihren Familien gemeinsam mit R. und dem Freundeskreis in einem Pfarrsaal trauerten. Seine Asche wurde später in seinem Heimatdorf in aller Stille beigesetzt. Aber in der Zeit der Krankheit war es gelungen, die Familie zusammen zu bekommen. Das war nicht bei allen so. Wie oft geschah es, dass an Aids verstorbene Männer jungen und mittleren Alters beerdigt wurden, ohne dass laut ausgesprochen wurde, woran sie erkrankt waren und starben. Oft genug wurde den Lebenspartnern oder engsten Freunden und Weggefährten deutlich zu verstehen gegeben, dass ihre Präsenz bei der Beerdigung nicht erwünscht war.

Die Aids-Hilfen in vielen Großstädten fanden andere Wege, wie die Trauer gelebt werden konnte, ohne das Gefühl zu haben, die eigene Trauer gar nicht öffentlich zeigen zu dürfen. Ein Höhepunkt war die live im Fernsehen übertragene Trauerfeier für Freddy Mercury, Frontmann und Sänger der Rockgruppe »Queen«. Millionen von Menschen trauerten dabei nicht nur um einen beliebten Sänger, sondern sie weinten auch um Millionen andere, ungenannte Frauen und Männer, um die nicht öffentlich getrauert werden durfte.

Sexuelle Gesundheit erhielt in diesen Jahren der Verluste ein ganz neues Gesicht: Diejenigen, die ihre Freunde und Partner überlebten, mussten lernen, ihre Sexualität in einer Weise auszuleben, die als »sicher« oder »*safe*« bezeichnet wurde. Auch langjährige Partner, egal ob homo- oder heterosexuell, mussten sich nicht nur darüber Gedanken machen, ob sie »mit oder ohne Gummi« Geschlechtsverkehr haben konnten, sondern sie mussten vor allem darüber zu sprechen beginnen. In der schwulen Subkultur jener Jahre griff der Comic-Zeichner Ralf König das Thema mit spitzer Feder auf, etwa als seine Protagonisten in »Super Paradise« sich nach der Beerdigung eines ihrer Freunde selbst »testen« lassen. Krankheit und Gesundheit wurden in diesen Jahren der Trauer neu definiert.

Auswirkungen chronischer Erkrankungen

Ohne das oben Beschriebene noch einmal zu wiederholen, sei auch darauf hingewiesen, dass körperliche Veränderungen aufgrund chronischer Erkrankungen sich auf Sexualität und Trauer auswirken können. Es gibt zahlreiche Untersuchungen dazu, wie sich weitverbreitete Krankheiten wie Herz-Kreislauf-Erkrankungen, Diabetes, Erkrankungen der Harnwege oder auch Depressionen mindernd auf die Bereitschaft und Fähigkeit zu sexueller Aktivität auswirken (einen empfehlenswerten Überblick geben beispielsweise Camacho u. Reyes-Ortiz, 2005). Viele Untersuchungen beziehen sich zwar auf sexuelle Funktionen wie Erektionsstörungen und Ejakulationsprobleme bei Männern, Appetenz- und Erregungsprobleme oder Scheidentrockenheit bei Frauen, aber viele beachten dabei auch die psychosozialen Faktoren (Delisle, 2014). In der ärztlichen und therapeutischen Beratung wird deshalb gerade beim Vorliegen von neurologisch-psychiatrischen, endokrinen, kardiovaskulären und urologischen oder gynäkologischen Erkrankungen eine strukturierte Sexualanamnese empfohlen, die auch auslösende Faktoren berücksichtigt: neben der Krankheit unter anderem familiären Hintergrund, soziales und kulturelles Umfeld, die partnerschaftliche Entwicklung, sexuelle Neigung und Erfahrungen sexueller Übergriffe (Delisle, 2014). Oftmals sind die Patienten und Patientinnen nicht in der Lage, mit ihren Partner*innen über Veränderungen ihres sexuellen Verhaltens zu reden oder dies in einen Zusammenhang mit der Krankheit zu bringen. Das ärztliche Gespräch hat hier meines Erachtens deutliche Anteile von Trauerbegleitung.

Der Zusammenhang von Sexualität und Gesundheit unter einem an Ganzheitlichkeit orientierten Blickwinkel, der physisches, emotionales, mentales und soziales Wohlbefinden integriert, eröffnet eine wichtige Perspektive für die Situation der Trauer. Der Anspruch auf sexuelle Gesundheit steht prinzipiell allen Menschen offen; er ist nicht an Vorbedingungen wie Familienstand, Partnerschaft, Fortpflanzungsfähigkeit oder anderes gebunden. Damit haben auch Trauernde ein Recht auf sexuelle Gesundheit im oben beschriebenen Sinn:

- Trauer wird zum wertfreien, aber nicht leeren Kontext von Sexualität.
- Trauer wird nicht als ein pathologischer Zustand, als Krankheit verstanden.
- In der Trauer stellt sich die Frage nach dem sexuellen Wohlbefinden.

Dazu wird leider nur sehr selten etwas geschrieben. In einem spannenden Band eines reformierten Theologen findet sich in den abschließenden Gedanken zu einer »Ethik der Befreiung« folgender Hinweis: »Es gibt auch Erfahrungen der Isolation bei Verwitweten, Geschiedenen und alten Menschen. Auch hier wäre das ›Prinzip Solidarität‹ mit seinen Postulaten zur Geltung zu bringen, um diese Isolation zu überwinden. Auch Verwitwete, Geschiedene, alte Menschen haben das ›Recht auf Sexualität‹, und zwar ein Recht auf die ihnen gemäße Sexualität« (Lüthi, 2001, S. 391).

Für Trauernde besteht also nach wie vor ein Recht auf Sexualität und auf sexuelle Selbstbestimmung, aber unter veränderten Vorzeichen, die auf je eigene Weise insbesondere vier Aspekte betreffen: den Identitätsaspekt, den Beziehungsaspekt, den Lustaspekt und den Fruchtbarkeitsaspekt (Haspel, 2001). Diesen Aspekten wird im Folgenden genauer nachgegangen.

Die vier Aspekte der Sexualität und ihre Bedeutung in Trauermodellen

Vier Aspekte sind dem Kieler Sozial- und Sexualpädagogen Uwe Sielert (1992) zufolge besonders relevant für die Erfahrung von Sexualität: Identität, Beziehung, Lust und Fruchtbarkeit. Sie sind durch die Trauersituation in jeweils eigener Weise berührt. Im Folgenden wird – soweit nicht bereits erfolgt – knapp beschrieben, worin die durch Trauer bedingten Veränderungen bestehen können. Dazu wird Bezug auf verschiedene Modelle und Konzepte von Trauer und Trauerarbeit genommen, ohne Anspruch auf deren umfassende Darstellung.

Identitätsaspekt
Die Trauerforschung hat deutlich zeigen können, dass der Verlust von sozialer Identität ein häufig begegnendes Phänomen ist. Soziale Identität beschreibt sowohl das eigene Selbstverständnis als auch das, was andere für unsere Rolle und Identität halten (vgl. zum Folgenden Lammer, 2004 im Anschluss an Stroebe u. Stroebe). Je nach Stärke, Bedeutung und äußerer Sichtbarkeit definieren sich Menschen auch durch ihre Beziehungen. Sie sind Mütter und Väter von jemandem, Töchter, Söhne, Enkel und anderes von einer Person, die im näheren oder ferneren sozialen Umfeld gekannt, geachtet oder auch nicht gern gesehen ist und war. Sie definieren sich als Mann, Frau, Geliebte*r, geschiedene*r Partner*in und so weiter. Sie tragen erkennbar einen Ehering, haben sich den Namen der Bezugsperson(en) in die Haut tätowieren lassen. Der Tod der für die eigene Identität bedeutsamen Person bedeutet dann auch für die Hinterbliebenen einen Rollen- und Statuswechsel.

Ich erinnere mich noch gut an den Moment, als ich nach dem Tod meines eingetragenen Lebenspartners auf dem Rentenamt erscheinen musste. Er hatte aufgrund seiner Krebserkrankung die Frühverrentung beantragen müssen und war kurz darauf verstorben. Die junge Dame im Amtszimmer begrüßte mich mit den Worten: »Sie sind nun Witwer. Ihnen steht prinzipiell Versorgung zu.« Das hatte ich bis dahin noch überhaupt nicht bedacht – aber es beschrieb exakt meine soziale Identität. Der Staat betrachtete mich – wie Millionen anderer Menschen – als Witwer von jemandem. Der Zuspruch dieser neuen Identität bewirkte, dass ich mich selbst mit dem neuen Status auseinandersetzen musste.

Kerstin Lammer macht allerdings aufmerksam darauf, dass die Zuschreibung der neuen Rolle auch geschlechtsspezifische Statusunterschiede umfasst: »der Witwer bleibt der Herr Bankdirektor, der er vorher war – mit gleichem sozialen Rang und gleicher Rente. Aber die Witwe ist nach dem Tod ihres Mannes plötzlich nicht mehr die Frau Bankdirektor, gehört nicht mehr fraglos zu den entsprechenden sozialen Kreisen, wird vielleicht nicht mehr eingeladen und erhält plötzlich nur noch die sehr viel geringere Witwenrente« (Lammer, 2004, S. 87). Auch wenn sich dies im Zuge zunehmend gerechter Berufs- und Karriereentwicklungen verändern dürfte, so bleibt doch von Bedeutung, dass die Veränderungen der sozialen Identität sich auch auf die sexuelle Identität auswirken, denn die soziale Identität als Witwe oder Witwer bezieht sich immer noch auf den verstorbenen Lebensgefährten, dem damit immer noch der Platz des Sexualpartners reserviert ist.

Auch dies ist in der sozialrechtlichen Regelung hierzulande gültig: Der Status des Witwers oder der Witwe als Bezugsberechtigte/r von Witwenrente bleibt solang erhalten, wie der/die Hinterbliebene keine neue standesamtlich registrierte Ehe oder Lebenspartnerschaft eingeht. Damit ist zwar nicht gesagt, dass die Witwe oder der Witwer keine neuen sexuellen Beziehungen eingehen können, aber diese haben keine explizite Auswirkung für die soziale Identität, zumindest in den Augen des Staates. Auch das soziale Umfeld reagiert, vor allem bei Frauen, mitunter verhalten, wenn eine Witwe eine neue Beziehung beginnt, diese aber aus Versorgungsgründen nicht rechtlich formalisiert.

Eine besondere Situation tritt ein, wenn die Beziehung zwischen der verstorbenen Person und dem überlebenden Partner nicht offen gelebt werden konnte oder im sozialen Umfeld nicht anerkannt war. Die heimliche oder vielleicht auch nicht ganz so heimliche Geliebte, der Lebensgefährte ohne eingetragene Partnerschaft verliert mit dem Tod des anderen eine wichtige Bezugsperson, erfährt aber in der Öffentlichkeit keinerlei Würdigung seines Verlustes. Ihm steht kein Urlaub zu, um die Beerdigung vorzubereiten oder daran teilzunehmen. Sie hat ohne amtliche Dokumente – beispielsweise eine Generalvollmacht – keinerlei Befugnis, ein Bestattungsunternehmen zu beauftragen. Sie hat auch keine Möglichkeit, sich vom Verstorbenen am Sterbebett im Krankenhaus zu verabschieden, sofern sie dem Personal nicht bekannt ist. Umso schwerer wird es, die neue Situation in die soziale Identität zu integrieren. Erschwerend kommt dann hinzu, dass die betrauerte Beziehung gerade als Liebesbeziehung durch Sexualität besetzt ist. Die Bindung an die verstorbene Person bleibt ohne soziale Anerkennung und Würdigung.

Beziehungs- und Bindungsaspekte
Waldemar Pisarski hat in seinem Buch »Anders trauern – anders leben« (2001) auf eindrückliche Weise geschildert, welche »Trauerarbeit« der Tod eines Menschen für den überlebenden Partner mit sich bringt. Er zeichnet dazu zwei Strichmännchen nebeneinander und verbindet sie durch eine Anzahl von parallel verlaufenden Linien. Jede Linie steht für eine Bindung, miteinander ergeben sie eine »Fülle von Bindungen«: »Sie sind sich Freund, Gesprächspartner, Weggefährte, Liebhaber. Sie geben einander wirtschaftliche Sicherheit, sie trösten sich in Stunden der Niedergeschlagenheit, sie machen sich gegenseitig Mut in Zeiten der Krise. Sie lieben sich und hassen sich. Sie streiten zusammen und versöhnen sich wieder. Sie bauen gemeinsam an Träumen und gemeinsam durchleiden sie Enttäuschungen. Es ist unendlich viel zwischen den beiden gewachsen« (S. 16).

In Kursen mit Medizinstudierenden haben wir – Dozenten am Palliativzentrum in München – mit diesem Modell intensiv gearbeitet, indem wir an die Tafel die beiden Strichfiguren zeichneten. Es war uns wichtig, dass die angehenden Ärztinnen und Ärzte ein Gefühl dafür entwickeln, was die Mitteilung einer schweren Diagnose oder des Todes eines Patienten für die nächsten Angehörigen heißt. Warum reagieren sie so unterschiedlich – und was bedeutet die Mitteilung für ihre Existenz? Wir forderten deshalb die Studierenden auf, Linien zwischen den beiden Figuren zu ziehen und diese mit Inhalt zu füllen. Sie sollten dazu an ihre eigenen Liebesbeziehungen (oder ihre Vorstellungen davon) denken. Vieles wurde genannt – und irgendwann fand auch eine Teilnehmerin den Mut, eine Verbindung auf Unterleibshöhe zu ziehen: Sex gehört doch auch dazu! Ab da ging es rund. Zwischen den Herzen wurden dicke Linien gezeichnet, die Hände wurden miteinander verbunden, die Augen und die Münder: Schließlich sehen sich Liebende gern, sprechen miteinander und küssen sich. Die Bäuche wurden etwas rundlicher gemalt, weil Liebende vielleicht gewohnt sind, miteinander zu essen – regelmäßig oder bei Kerzenlicht. Gemeinsame Wertvorstellungen und Träume wurden als Linien eingezeichnet. Die Kette der Assoziationen, was Liebende miteinander verbindet, hörte nicht auf. Aber auch unangenehme Aspekte wurden eigens markiert, mit gezackten Linien: Streit, gegenseitiges Anschreien bis hin zu körperlicher Gewalt und sexuellem Missbrauch. Oder Linien wurden als unterbrochen markiert, beispielsweise die Linie zwischen den Mündern, wenn die Paare nicht mehr miteinander redeten. Oder zwischen ihren Genitalbereichen, wenn die Paare aufgehört hatten, miteinander zu schlafen. Auch das gehört zur Realität von Beziehungen, die ja nicht immer und ausschließlich dem romantischen Ideal entspricht.

Die Studierenden reagierten berührt, manche sogar geschockt, wenn wir an der Tafel eine der Figuren wegwischten mitsamt der »Andockstellen« der verbindenden Linien. Waldemar Pisarski beschreibt das so: »Nun geht einer der beiden. Er ist nicht mehr da. Aber was ist mit den Bindungen, die entstanden sind? Sie sind nicht gegangen. Sie sind noch da und laufen nun ins Leere. Hier wird das Gefühl des Verlustes, der Amputation, des Ausgeliefertseins, des Abgeschnittenseins deutlich. [...] Trauerarbeit besteht darin, die Bindungen, die jetzt ziellos im Raum stehen, wieder zurückzunehmen« (Pisarski, 2001, S. 17). Auch die gezackten und unterbrochenen Linien gehören dazu, gehen in einen leeren Raum und müssen im Lauf eines Heilungsprozesses langsam zurückgenommen werden. Die Medizinstudierenden, vertraut mit den Wunden und Verletzungen des Körpers und oft auch offen für die Verwundungen der Psyche und der Seele, konnten nun verstehen, wie vielschichtig Trauer ist und wie wichtig es ist, wie Heilberufe damit umgehen. Sie verstanden, dass Traueraufgaben sich nicht in einem Abarbeiten von Trauerphasen erschöpfen. Was in jedem Fall als überwunden gelten sollte, ist das noch bei Freud vorherrschende Motiv, eine Bewältigung von Trauer darin zu sehen, wenn die Betroffenen sich vollständig von den Verstorbenen abgelöst haben, sich frei und ungebunden fühlen und neue Liebesbeziehungen eingehen können (vgl. dazu Lammer, 2004, S. 45).

Im Blick auf Paarbeziehungen hilft es zum Verständnis, die Bindung zwischen den Partner*innen genauer in den Blick zu nehmen, die ihrerseits stark vom Bindungsverhalten der jeweils Einzelnen abhängt. Die Bindungsforschung zeigt, dass die Erfahrungen der Person in den ersten Lebensjahren die Ressource bilden, mit der auf belastende Zustände reagiert werden kann. Auf Situationen von Bedrohung und Verlust reagieren wir instinktiv durch gesteigertes Bindungsverhalten, suchen Kontakt durch Blicke, Berührung, Stimme. Dieses von John Bowlby (1980) und anderen beschriebene Verhalten gilt nicht nur für die Bindung zwischen Kindern und ihren Bezugspersonen, sondern auch für Erwachsene untereinander, insbesondere auch für die Bindung in der Partnerbeziehung (Strauß, 2014). Bindung ist ein Grundbedürfnis, das über die gesamte Lebensspanne zentral ist für die Bewältigung von Krisen und Herausforderungen. Erwachsene fühlen sich in der Liebesbeziehung ebenso wie in der kindlichen Bindung geschützt und sicher, wenn der Partner verfügbar ist.

Der Tod eines Menschen ist ein massiver Einbruch in das bestehende Gefüge, der Schutz und das Gefühl der Sicherheit gehen verloren. Gerade die Phase nach dem Tod eines Menschen wird dabei als eine Phase der »transzendenten Unsicherheit« erlebt. Nach dem endgültigen Durchtrennen der oben geschilderten Beziehungslinien gerät der oder die Hinterbliebene in eine Situation der

Ungewissheit. Es ist unbekanntes Terrain, das sie betreten müssen. In diesem Zusammenhang werden alte Bindungsmuster aktiviert, wobei zu beachten ist, dass Menschen unterschiedliche Bindungsstile haben, die sowohl für die Partnerwahl als auch für die Gestaltung der eigenen Sexualität von Bedeutung sind (Strauß, 2014). Bei manchen Menschen ist ein gesteigertes Bedürfnis nach Nähe eine geradezu notwendige Reaktion auf das Ereignis des Todes, das es der nahstehenden Person ermöglicht, den Tod – im Wortsinn – zu begreifen. Erst das intensive Erleben und Ausleben von Nähe scheint in diesen Fällen die Ablösung möglich zu machen, die für den Trauerprozess so wichtig ist.

Dieses Motiv findet in zahlreichen Kinofilmen eine bildhafte Umsetzung, die einem Millionenpublikum plausibel erscheint. Immer wieder endet das Bedürfnis, einer trauernden Person durch Berührung Trost zu spenden – etwa eine Umarmung oder ein Streicheln des Kopfes – im »Bett«. So bei der Komödie »Harry und Sally« von Rob Reiner (USA 1989), bei der Sally (Meg Ryan) nach einer gescheiterten Beziehung Trost bei ihrem Freund und Kumpel Harry (Billy Crystal) sucht und findet. Als dies dazu führt, dass sie gegen die Regeln ihrer »eigentlich platonischen« Freundschaft miteinander schlafen, empfinden dies beide als Störung, über die sie nicht sprechen können, die aber offenbar ein aktuelles Bedürfnis gestillt hat. Letztlich ist es gar nicht wichtig, ob diese Nähe zu »mehr«, gar einer neuen dauerhaften Beziehung führt, denn sie adressiert eine bestehende Not.

Eine bereits 1979 veröffentlichte Interview-Studie unter Witwen verschiedenen Alters, unterschiedlicher Religionszugehörigkeit und nach unterschiedlich langen Ehen ermutigt Trauerbegleiter*innen dazu, zusammen mit Klientinnen darüber zu sprechen, ob intime und sexuelle Erfahrungen auch einen gesundheitlichen, entspannenden und heilsamen Effekt haben könnten (Goddard u. Leviton, 1979). Einige dieser Interviews zeigten aber auch, dass die Witwen schon in ihrer Ehe in ganz unterschiedlicher Weise mit Intimität und Sexualität umgegangen waren und auch ganz unterschiedlich mit sich selbst oder anderen Beziehungen umgingen.

Es liegen meines Wissens noch zu wenige Studien speziell zu Bindungsstilen, Sexualität und der Situation von Trauer vor. Aber so wie Bindungsstile mit unterschiedlich gestalteter Sexualität – einschließlich partnerbezogener Sexualität, Gelegenheitssex und Masturbation – sowie mit Kommunikationsverhalten und subjektivem Erleben von Sexualität verbunden sind, so werden diese sich auch in der Trauersituation unterschiedlich auswirken. Die psychoanalytische Forschung scheint auf dem Weg der Bindungsforschung auch das Feld der Sexualität neu zu entdecken. Aus der Neurobiologie kommt allerdings der Hinweis, dass Sexualität und Bindung im Blick auf die jeweils aktivierten Hirnareale »letztlich getrennte Systeme sind« (Strauß, 2014, S. 52), dass also keine direkten Kausalitäten bestehen.

Lustaspekt
Dass Sexualität mit Lust, Erregung und Begehren zu tun hat, wird jedem Leser einleuchten. Dazu könnte man vieles zitieren und anführen, aus der Poesie und der Kunst über religiöse und philosophische Texte bis hin zu psychoanalytischer und medizinischer Literatur. In unserem Zusammenhang interessiert aber vor allem die Frage, welche Bedeutung Lust, Erregung und Begehren – und ihr jeweiliges Gegenteil – in der Trauersituation haben können. Dazu ist es hilfreich, die neurobiologischen Zusammenhänge in den Blick zu nehmen, um von da aus die komplexen Prozesse sexueller Erregung zu verstehen, die in engem Zusammenhang mit Selbstwertgefühlen, emotionalen und psychischen Faktoren stehen.

Die als angenehm empfundene sexuelle Erregung geht laut Hirnforschung mit hoher sympathischer Erregung einher und wirkt verhaltensaktivierend. Es besteht ein enger Zusammenhang zwischen den Gefühlen von Vergnügen und Erregung. Neurowissenschaftler haben herausgefunden, dass sportliche Betätigung, Tanzen und der Genuss von Musik ähnliche Areale im menschlichen Gehirn anregen wie das Gefühl von Lust (Georgiadis, 2014). Sexuelle Erregung wird dabei auf vielerlei Weise ausgelöst und gesteuert, sowohl durch äußere Reize und Stimuli als auch durch Kognitionen und Erinnerungen. Die Forscher machen aber auch darauf aufmerksam, dass eine Reihe weiterer Faktoren wie Stress und Gefühle maßgeblich sexuell motivierend wirken können. Dabei werden unterschiedliche Areale aktiviert, die nicht alle auf gleiche Weise wirken. So sind verschiedene Wirkstoffe mit unterschiedlichen Formen sexueller Aktivität oder Aktivierungsmustern verbunden.

Die Wissenschaftler ziehen das Fazit: »Ein möglichst weitreichendes Verständnis von Körper und Sexualität bedarf daher einer integrativen biopsychologischen Perspektive, die sowohl neurobiologische als auch psychologische Aspekte umfasst« (Goebel, 2014, S. 31). An anderer Stelle heißt es: »Einige entscheidende Prozesse der menschlichen Sexualität lassen sich jedoch am besten in der Interaktion einzelner psychologischer Komponenten verstehen, für die bestimmte Hirnsysteme eine besondere Bedeutung haben. Grundsätzlich kommt es bei einer sexuellen Erregung zu einer massiven Aktivitätsänderung über weite Teile des Gehirns« (Metzger et al., 2014, S. 140).

Da zu den häufigsten empirisch beschriebenen Trauersymptomen Empfindungen wie Schmerz, Traurigkeit, depressive Verstimmung und Sehnsucht gehören, mitunter verbunden mit Phasen von Affektlosigkeit, Interessen- und Freudlosigkeit, einem ausgeprägten rückwärtsgewandten Suchverhalten (bezogen auf die verstorbene Person) und sozialem Rückzug (vgl. Lammer, 2004) zumindest in den Phasen starken Trauererlebens, scheint auch das Lustempfinden deutlich eingeschränkt zu sein.

Das bedeutet aber nicht, dass dies dauerhaft der Fall sein muss. Trauer verläuft häufig spiralförmig (Schibilsky, 1989), mit Bewegungen zwischen Innen und Außen, Vergangenheit und Zukunft. Es kann in einer Begleitung durchaus vorkommen, dass ein trauernder Klient an einem Tag voller Energie und Hoffnung sich vornimmt, sich auf eine Verabredung einzulassen und gar ein Abenteuer zu riskieren, um am nächsten Tag völlig konträr dazu zu empfinden und alles abzusagen.

Ganz ähnlich kann das Auftreten von Lust an einem Tag als eine Art Rückkehr ins Leben empfunden werden, als ein Zurückfinden zu einer verloren geglaubten Vitalität, um schon am nächsten Tag mit einem Gefühl von Scham bereut zu werden. Gerade so als schäme man sich dafür, Freude empfinden zu können, ganz im Moment aufzugehen und nicht an die Vergangenheit oder die verstorbene Person gedacht zu haben. Eine Witwe sagte zu mir, sie fühle sich dann, als ob sie sich gegenüber ihrem verstorbenen Ehemann schuldig gemacht hätte. Und dabei meinte sie noch keineswegs eine erotische oder sinnliche Erfahrung, sondern die Freude an einem warmen Frühlingstag.

Fruchtbarkeit

Der vierte Aspekt bezieht sich auf Generativität. Vor allem durch die Einführung von Schwangerschaftsverhütung wurden Sexualität und Fruchtbarkeit voneinander entkoppelt. Aber nicht nur im Bereich kirchlicher und religiöser Sexuallehren bleibt ein Zusammenhang bestehen, wie schon beim Thema der Trauer um Schwangerschaftsabbruch ausführlich beschrieben wurde. Gerade in der Situation der Trauer kann dieser Zusammenhang deutlicher zu Bewusstsein kommen und bedarf darum einer sensiblen und achtsamen Berücksichtigung in der Trauerbegleitung. Zumindest in einer konkreten Situation von Trauer spielt die Verknüpfung von Sexualität und Fruchtbarkeit eine bedeutsame Rolle: beim Tod eines Kindes, insbesondere im Umfeld der Schwangerschaft. Da in diesem Buch in einem eigenen Kapitel darauf eingegangen wird (S. 64 ff.), soll an dieser Stelle der Hinweis genügen, dass Sexualität und Intimität zwischen den überlebenden Eltern eines verstorbenen Kindes mit dem Wunsch nach einer erneuten Schwangerschaft oder einem Gefühl der Angst davor verbunden sein kann. Gerade dann, wenn Partner nicht in der Lage sind, über ihre eigenen Bedürfnisse miteinander zu sprechen, kann es zu erheblichen und belastenden Missverständnissen kommen.

Erfahrungen

Internetforen – Mehr Antworten als erwünscht
(gemeinsam mit Annina Ligniez)[1]

Was haben die Menschen früher eigentlich gemacht, als es noch kein Internet gab? Sie konnten andere Menschen um Rat fragen, vielleicht sogar gute Freunde und gute Freundinnen. Ob es ihnen ähnlich ging wie einer Fragestellerin, die auf einer bekannten Partnervermittlungsseite »für Akademiker und Singles mit Niveau« an einem Sommertag mit einer vorsichtigen Frage binnen zweier Tage knapp vierzig Antworten erhielt, allesamt wohlmeinend?

Die anonyme Bloggerin fragte: »Ist es normal, sich einen Monat nach Tod meines Mannes nach einem neuen Partner zu sehnen?« Sie habe ihren Mann fünf Jahre lang während seiner Krebserkrankung begleitet und dabei schon während dieser Zeit Erotik und Sexualität vermisst. Bei aller Trauer sehne sie sich jetzt, einen Monat nach seinem Tod, bereits nach einem neuen liebevollen Partner (am besten gleich), finde sich selbst aber beinahe pietätlos. Dummerweise schließt sie mit dem Satz: »Eure Meinung hierzu interessiert mich wirklich.«

Es dauert nur 45 Minuten, und die erste Antwort steht auf der Seite des moderierten Diskussionsforums. Und dann läuft es im Minutentakt. Nicht ein Einziger der Antwortenden stellt der Fra-

---

1 Wissenschaftliche Mitarbeiterin am Seminar für Praktische Theologie und Religionspädagogik, Evangelisch-Theologische Fakultät, Universität Münster.

gestellerin eine Rückfrage und erkundigt sich nach ihrem Empfinden. Aber alle haben einen Rat. Alle meinen zu wissen, was sie meint, was sie umtreibt, wie sich das anfühlt, wenn man am liebsten gleich einen neuen, liebevollen Partner hätte. Alle meinen, sie könnten die Fragestellerin verstehen. Selbst diejenigen, die eine ganz klare Ablehnung zum Ausdruck bringen, scheinen zu wissen, was im Inneren der Fragestellerin los ist.

»Wenn du deinen Mann nicht geliebt hast, ist es normal, dass du endlich einen neuen Mann willst«, schreibt jemand. Noch am selben Abend vermutet auch ein 53-jähriger Mann, dass die Fragestellerin ihren verstorbenen Mann nicht geliebt haben könne. Letztendlich wolle sie wohl nur Erotik und Sex mit einem gesunden Mann. Als Mann »in den besten Jahren« könne er das zwar nachfühlen, aber das stelle ja die Motivation der fünfjährigen Pflegezeit in Frage, die sicher belastend gewesen sei. Liebe könne es ja wohl nicht gewesen sein.

Der Eintrag wird schon nach wenigen Augenblicken sekundiert: Wahrscheinlich sei die Fragestellerin wohl froh darüber, dass ihr erster Mann endlich tot und die Zeit der Belastung vorüber sei. Wenn sie so empfinde, dann solle sie sich schleunigst einen neuen Mann suchen, weil sie ihren verstorbenen ja eh nicht geliebt habe.

Jetzt richtet sich der Shitstorm allerdings nicht mehr gegen die Fragestellerin, sondern gegen die genannten Beiträge. Es ist geradezu eine »moralische Mehrheit«, die sich empört. Ein Streit bricht sich Bahn, ob die alte Beziehung angesichts des Partnerwunsches denn das Label »wahre Liebe« verdient oder nicht. Immer wieder weisen Forumsbesucher auf die fünf Jahre Pflege und Fürsorge hin als Beleg für wahre Liebe. Es melden sich auch solche, die wohl Ähnliches erlebt haben wie die Fragestellerin und aus eigener Erfahrung wissen, was es heißt, dem kranken Partner die Windeln zu wechseln, ihm beim Leiden zuzusehen, die Schmerzensschreie zu hören und sein Erbrochenes wegzuwischen. Wild geht es hin und her, und jeder scheint eine Theorie zu haben, warum die Fragestellerin sich nach einem neuen Partner sehnt. Je länger die Diskussion im Forum fortgesetzt wird, umso enthemmter klingt es, was die Menschen schreiben, gerade so, als handelte es sich um einen weinselig gestimmten Stammtisch. Man könne ja schon froh sein, dass die Fragestellerin sich nicht schon zu Lebzeiten des Verstorbenen einen neuen Partner gesucht habe. Einer findet, es komme ja immer wieder vor, dass Menschen einander verlassen, wenn es dem anderen schlecht gehe und er nicht in der Lage sei, »Bedürfnisse wie Sex, Essen gehen, Urlaube, ordentlich Geld verdienen« zu erfüllen. Ja, die Vermutung wird ausgesprochen, dass sich die Fragestellerin schon zu Lebzeiten ihres kranken Mannes nach anderen Männern umgesehen habe.

Im Internet äußern Menschen im Schutz der Anonymität ohne den Filter der Höflichkeit ihre Meinung und schreiben das, was man früher wohl eher hinter vorgehaltener Hand flüsterte. Während man früher auf die furchtsam ausgesprochene Frage »Was werden die Leute sagen?« eher keine Antwort bekam, sie sich aber bei aller Selbstbeschwichtigung (»Ist doch egal, was sie denken!«) ahnungsvoll selbst beantworten konnte, erhält man heute im Internet detailliert und unmittelbar Auskunft. Alle reden über dich! Alle diskutieren über dich! Und es scheint, dass alle eine Meinung haben. So oder so. Es geht gar nicht einmal nur darum, ob es »noch zu früh« ist, es geht eigentlich gar nicht um eine eventuelle neue Beziehung, es geht immer und immer noch um die alte Beziehung. So als ob eine neue Beziehung – egal, wie kurz oder wie lang sie ist – ihre Funktion lediglich darin habe, ein Urteil über die Liebeshaltigkeit und Ernsthaftigkeit der vergangenen zu treffen. Ich habe auch Trauerbegleiterinnen kennen gelernt, die ernsthaft meinen, wer sich vor Ablauf von zwei Jahren Trauerzeit einen neuen Freund zulege, könne den Verstorbenen nicht geliebt haben. Jedenfalls nicht wirklich.

Heutzutage suchen Menschen häufig die anonyme und schnelle Hilfe im Internet – auch oder gerade beim Thema »Tod und Trauer«. In verschiedenen Blogs werden immer wieder die gleichen Fragen diskutiert: »Wann kann man eine Beziehung zu einem neuen Partner nach dem Tod des eigenen aufnehmen?« (ElitePartner Forum, 2010–2012). »4 Monate nach dem Tod von meinem Mann, mit einem anderen Sex, muss ich ein schlechtes Gewissen haben??«

(gutefrage.de, 2010). Auch bei den »FreizeitFreunden« wird diskutiert: »Verwitwet – und für immer allein?« (freizeitfreunde.de, 2009). Und die jüngere Generation chattet auf planet-liebe.de (2007) über die »Treue bis über'n Tod hinaus?«. Die Antworten reichen von großem Verständnis bis hin zu völliger Verachtung. Die Fragen der Ratsuchenden erstrecken sich von generellem Nachdenken über (sexuelle) Treue über den Tod hinaus bis hin zu konkreten »Absolutionsanträgen«, auch nach dem Tod des geliebten Menschen sexuelles Empfinden, Lust auf Nähe oder das Bedürfnis nach Geborgenheit zu spüren und es ausleben zu dürfen.

»Sabrina5« hat vermutlich ein solches Absolutionsbedürfnis, denn sie fragt im Forum, ob sie denn ein schlechtes Gewissen haben müsse, nachdem sie nun vier Monate nach dem Tod ihres Mannes mit einem anderen Sex hatte. »Minister« vermutet, dass sie es sowieso schon habe – »echte Treue geht eben oft auch über den Tod hinaus« –, aber ermuntert sie: »Deshalb musst Du jetzt für Dein neues Leben lernen, mit der neuen Selbstständigkeit umzugehen.« »Ruttel« hingegen stellt pragmatisch fest: »Nein, bei der Hochzeit heißt es: bis dass der Tod uns scheidet.« Hingegen urteilt »Catty-Cat« klar: »Ich finds entscheidender, an WAS er gestorben ist. Eine schlimme Krankheit, No GO. Ein Unfall: Mindestens zwei Jahre Erholungszeit! Altersschwäche (glaube ich kaum): mindestens ein Jahr!« Und resümiert: »Also, ich finde es nach 4 Monaten schon ziemlich herzlos, muss ich ganz ehrlich sagen. Tut mir Leid.«

Hinter diesen und zahlreichen anderen virtuellen Unterhaltungen steht die auch gegenwärtig noch anhaltende Diskussion, wie eigentlich Trauerwege zu beschreiben sind. Michael Schibilsky betont in seinem gleichnamigen Buch: Jeder trauert anders. Bis heute aber geistert in den Köpfen der Gesellschaft das ursprünglich aus dem römischen Recht stammende »Trauerjahr« herum, welches es auch heute noch einzuhalten gelte oder eben gerade nicht mehr als zeitgemäß angesehen wird. So galt im römischen Recht die Trauerzeit als Ehehindernis. Diese betrug zehn Monate, konnte wahlweise aber auch verkürzt oder verlängert werden. Dahinter standen vor allem die Bedenken, dass die Frau möglicherweise noch von dem verstorbenen Mann schwanger sein könnte, so dass das »Trauerjahr« auch nur für Frauen galt. Das juristische Trauerjahr gibt es in dieser Form heutzutage nicht mehr, gleichwohl übernahm die Gesellschaft es in ihre Moralvorstellungen.

Angesichts des modernen Bildes des »funktionalen Leistungsmenschen« findet sich besonders im Arbeitsalltag wenig Verständnis für Trauernde: »Das Leben geht weiter. Du musst nach vorne schauen.« Von einem Trauerjahr, in welchem die Trauernden auf mehr Verständnis von allen Seiten hoffen können, findet man hier wenig. So überrascht es durchaus, innerhalb des modernen Kommunikationsmediums Internet das Phänomen des Trauerjahres wiederzufinden – insbesondere in Bezug auf das Aufbrechen in ein neues sexuelles, partnerschaftliches Leben nach dem Verlust der Partner*in. Sind es nur überkommene Konventionen, oder steckt vielleicht mehr hinter Voten wie dem folgenden?

In einem Forum schreibt eine Frau (ungenannten Alters), deren Vater vor einem Jahr gestorben ist, dass ihre Mutter schon drei Monate später »mit dem nächsten Mann« angekommen sei, habe sie als »zutiefst pietätlos« empfunden. Der neue Mann solle nur den alten verdrängen. Das gibt Einblick in die Emotionen, die ein neuer Partner im Familien- und Freundeskreis auslöst: Eigene Trauer wird auf die Witwe oder den Witwer projiziert. Wenn diese den Ansprüchen an die (von sich selbst) geforderte Trauer nicht entsprechen, kann ihre Trauer also nicht so groß sein – und folglich auch ihre Liebe nicht. Der letzte Beitrag im Forum, mit fünfmonatiger Verspätung formuliert, bringt diese Haltung auf den Punkt: »Ist doch die Witwe nicht der einzige Mensch, der um den Verstorbenen trauert! In der Regel gibt es Kinder, Geschwister, Freunde und Bekannte. Alle haben ein Recht auf das Trauern und der Verstorbene ein Recht auf Würde.« Zur Würde des Verstorbenen gehöre die Einhaltung einer »würdigen Trauerphase«.

Ich bin den Diskussionsteilnehmerinnen und -teilnehmern geradezu dankbar, dass sie ihre Meinung so ungebrochen äußern. Sie formulieren vieles von dem, was man als trauernder Lebens- und Ehepartner vermutet, was einem aber kaum jemand ins Gesicht sagt. Gerade nach einer schweren und langen Pflegebedürftigkeit oder einer langen Krankheitsphase, aber auch nach Jahren einer von vielen bewunderten innigen Liebesbeziehung übertragen Außenstehende ihre Erwartungen und Idealisierungen der romantischen Liebe auf den Hinterbliebenen. Er wird geradezu zum Heiligen stilisiert, dessen Aufopferungsbereitschaft bewundert wird, der eigene Bedürfnisse zum Wohle des Verstorbenen hintangestellt habe und so weiter. Solange man diese Erwartungen erfüllt, ist alles gut.

Sobald man aber beginnt, sich nach einem neuen Leben umzusehen, unabhängig von der vorhergehenden Partnerschaft und vielleicht sogar in einem gewissen Abstand zu ihr, beginnt die Bewunderung für die tugendhafte Witwe/den tapferen und treuen Witwer in skeptische Beobachtung und bald in Entrüstung umzuschlagen. Gemeinsame Freunde fühlen sich in ihrer eigenen Trauer und Hochschätzung verletzt, empfinden »den Neuen« als einen Eindringling, an den sie sich im besten Fall erst einmal gewöhnen müssen.

Es kommt mir so vor, als ob die Außenstehenden mit dem Auftreten eines neuen Partners an der Seite des Witwers oder der Witwe zum ersten Mal mit der Realität des Todes des Verstorbenen und seinen Konsequenzen für das eigene Leben konfrontiert werden. Sie trauern dabei aber nicht nur um das verstorbene Familienmitglied oder den verstorbenen Freund/Nachbarn/Mitbürger, sondern auch um die vertraute Dyade – die Konstellation zweier Menschen, die durch ihre emotionale und intensive Beziehung auch und gerade in der Zeit der Erkrankung nur noch als Einheit wahrgenommen wurden. Man konnte sich die beiden gar nicht mehr getrennt vorstellen, man kann und mag es auch jetzt noch nicht. In der Zeit nach dem Tod des einen ist die Dyade noch lange vorhanden. Der überlebende Partner garantiert dafür als lebende Erinnerung an den Verstorbenen und als Symbol für ewige Liebe. In den deutschen Märchen heißt es doch auch »Und wenn sie nicht gestorben sind, dann leben sie noch heute« – nicht: »und wenn einer von beiden gestorben ist, dann lebt der andere heute eben mit jemand anderem ...« Der überlebende Ehe- oder Lebenspartner garantiert die bleibende Anwesenheit des Verstorbenen, vielleicht gerade weil er unübersehbar dessen schmerzhafte Abwesenheit zu Bewusstsein bringt. Solange er vermisst wird, gibt es ihn noch. Und dafür steht die Dyade, das Liebespaar, das allerdings nach dem Verscheiden des einen Teils so nicht mehr existiert, wie es früher einmal war. Jedenfalls nicht in der Innenperspektive.

Wenn eine Witwe oder ein Witwer sich nämlich von selbst aus der Dyade und dem idealisierten Zustand der romantischen ewigen Liebe zu lösen beginnt und dies durch einen Partnerwunsch oder einen tatsächlich präsenten »Neuen« an der Seite zum Ausdruck bringt, reagiert die Umwelt mit starken Emotionen. Sie kann wahrscheinlich gar nicht anders. Denn ihre Trauer gilt nicht nur einem konkreten Menschen, sondern der vertrauten, aber vergangenen Zweisamkeit eines Paares, das man als Gäste, Nachbarn, Freunde oder im Kollegenkreis geschätzt hat. Auch das ist Trauer. Man muss mit ihr rechnen und sich auf sie einstellen.

Manche Freunde verhalten sich allerdings wie selbsternannte Verwalter der Interessen des Verstorbenen. Dabei übersehen sie, dass sie von niemandem einen Auftrag erhalten haben, für Ansehen und Rechte des oder der Verstorbenen einzutreten. Sie mögen Zeugen einer Hochzeitsfeier gewesen sein und den Bund der Liebe mit eigenen Segenswünschen und Fürbitten bezeugt haben. Aber dann haben sie nicht richtig hingehört, denn anders als in den Märchen heißt es sowohl in standesamtlichen als auch kirchlichen Trauformularen »bis dass der Tod euch scheide«. Es gibt keine Pflicht der Außenstehenden, für die Würde und das Ansehen des Verstorbenen einzutreten, indem sie die Liebe des überlebenden Partners nachträglich in Frage stellen. Wer vor der Eheschließung seinen Mund nicht aufgemacht hat, sollte dies auch später unterlassen, besonders dann, wenn er nicht gefragt wird.

Ohnehin sehen sich Witwen oder Witwer unter Druck gesetzt, permanent zu erklären, dass die neue Beziehung (oder schon die Lust darauf) die vergangene nicht in Frage stellt. Wenn sie überhaupt eine Chance dazu erhalten, sich selbst dazu zu äußern.

Ab wann also sind die Fragen nicht mehr aktuell? Wie lange soll und darf man trauern? Gilt es, das Trauerjahr auch heute noch einzuhalten? Was mache ich mit meinen sexuellen Bedürfnissen? Lange und durchaus auch erfolgreich kann man im World Wide Web nach Antworten auf diese Fragen suchen. Die *eine* Antwort wird man allerdings nicht finden. Was man findet, umfasst hingegen eine große Bandbreite: Zuspruch, Ermunterung, Trost, aber auch Verurteilung, Unverständnis und Beleidigung. Trotz oder gerade wegen der Anonymität muss man mit allem rechnen. Ohne die Trauergeschichte und die Liebesbeziehung zweier Menschen persönlich gekannt zu haben, urteilen Menschen übereinander. Sie geben Ratschläge, tun ihre Meinung kund. Die Trauernden selbst hoffen, schnell und unkompliziert Hilfe zu erfahren. Am Ende aber bleibt ihnen gleichwohl nur die Begegnung und Auseinandersetzung mit der eigenen Trauer, den eigenen Gefühlen, sexuellen Sehnsüchten und Wünschen. »Gast#12« (ElitePartner Forum, 2010–2012) bringt dies folgendermaßen zum Ausdruck: »Noch viel schlimmer als die eigene Trauer ist die ›Pflicht zur Trauer‹, die einem von Außenstehenden aufgetragen wird. Woher sollen die wissen, was wirklich in einem Menschen vorgeht, […] Wann, wo und vor allem wie lange Du trauerst, bestimmst einzig und alleine DU SELBST!« Und am Ende ist die Fragestellerin genau an dem Punkt, an dem sie am Anfang schon war. Eine Antwort hat sie nicht erhalten.

Es ist wie häufig unter Bekannten: Wenn man beginnt, sein Herz auszuschütten, dann antworten viele mit einem gutgemeinten Rat und am liebsten mit einer Geschichte aus ihrem eigenen Leben: »Bei mir war das ganz ähnlich …« oder »Ich hatte da mal einen Bekannten, dem ging es genauso …« Aber wer weiß? Vielleicht ist es genau das, was die Fragestellerin ja wissen wollte: ob es auch anderen schon so gegangen ist wie ihr selbst.

Es ist ganz erstaunlich, wie viele der Teilnehmer am Internetforum von ihren eigenen Erfahrungen erzählen. Offenbar ist es ein Thema, bei dem die Fragestellerin kein Neuland beschreitet. Eine Person sagt es gleich frei heraus: »Ich finde es gut, wenn der Wunsch nach erneuter Zweisamkeit wieder besteht – bei mir ist es genauso – sonst wäre ich nicht hier.« Immerhin handelt es sich ja um ein Internetforum auf der Seite einer (kommerziellen) Partnervermittlung.

Überhaupt fangen viele ihre Einträge so oder ähnlich an: Auch sie haben ihre Frau/ihren Mann vor kurzem verloren und kennen die Sehnsucht, aber auch das Gefühl, sich schämen zu müssen.

Eine Frau rät aus eigener Erfahrung zur Vorsicht. Nach dem Tod ihres Mannes sei es ihr ebenso gegangen, aber rückblickend halte sie das für einen Fehler. Denn sie habe einen Ersatz gesucht, sich nach dem Vergangenen gesehnt, dem Leichten und Verspielten der Erotik und Verliebtheit, während sie sich doch eigentlich innerlich leer gefühlt und in einem Chaos der Emotionen befunden habe. »Mit dem neuen Mann war es bei mir sehr schnell vorbei, und ich wurde selbst sehr krank«, schließt sie ihren Erfahrungsbericht mit einer vorsichtigen Warnung. Hat sie ihre Trauer um die vergangene Beziehung unterschätzt?

Einige der Beiträge lassen sich auf die Unklarheit des eigentlichen Wunsches der Fragestellerin ein. Sie fragen zwar nicht zurück, aber sie unterscheiden zwischen dem Wunsch nach einer neuen liebevollen Bindung und der Sehnsucht nach Erotik und Sexualität. Ganz vorsichtig und in Sorge, dass der Shitstorm moralischer Entrüstung sich gegen sie wenden könnte, schreibt »Lutetia51«: »Bitte steinige mich nicht, aber für Erotik und Sexualität genügt ggf. auch erst einmal ein One Night Stand, eine unverbindliche Affäre …« Eine Frau schreibt, dass sie gemerkt habe, dass sie wieder in alte Beziehungsmuster verfallen sei und deshalb fluchtartig die neue Beziehung verlassen habe. Kein Wunder, dass es auch diejenigen gibt, die dazu raten, über Wellness-Maßnahmen wie Ölkuren und Massagen Zärtlichkeit zu erfahren.

Fast alle, die auf eigene Erfahrungen zurückgreifen, identifizieren sich mit der Fragestellerin, selbst diejenigen, die sich gegen eine neue Beziehung entschieden haben, und das sogar dann, wenn sie diesen Entschluss bedauern und sich inzwischen so sehr an das Alleinsein gewöhnt haben, dass sie sich gar nicht vorstellen können, sich noch einmal auf jemanden einzulassen. Viele Betroffene sind sich einig, dass es um Leben geht, um das Gefühl, am Leben zu sein und weiterleben zu müssen: »Du lebst und hast ein Recht auf dein eigenes Leben«, schließt eine ihren Forumseintrag.

In der Regel äußern sich (freundlich und gutgesinnte) Teilnehmer an Internetforen so, wie eine gute Freundin es täte: Mach einfach, wonach dir zumute ist, kümmere dich nicht darum, was die Leute sagen, achte auf deine Bedürfnisse und Gefühle. Es sind gute Ratschläge, allerdings übersehen sie, dass die Fragestellerin ihre Frage in einer Situation hohen emotionalen Drucks und ungeklärter Gefühle schreibt. Das genau aber ist die Crux am Ganzen: Die Zeit der Trauer ist eine Zeit aufgewühlter Gefühle, aufwachender Bedürfnisse auf allen Ebenen des Seins – geistig, seelisch, körperlich, spirituell, sexuell, materiell. Das Problem liegt gerade darin, dass man sie kaum zu sortieren weiß und sich deshalb ratsuchend an die Umgebung wendet, nur um festzustellen, dass diese genauso verwirrt reagiert. Der Rat »Achte auf deine Gefühle« hilft leider nicht wirklich weiter. Wichtiger ist es, die eigenen Bedürfnisse zu sortieren, die Sehnsüchte auszusprechen und sich für eine Weile frei zu machen von moralischen Bewertungen. Ich bin mir nicht sicher, ob das Internet hier wirklich das geeignete Forum ist. Vielleicht nur dann, wenn einen vordringlich interessiert, was die Leute sagen.

Tipp für Begleiter*innen
Beraterinnen und Beratern in der Trauerbegleitung sei empfohlen, sich nach dem Internet-Verhalten der Klient*innen zu erkundigen und gegebenenfalls Einträge in Foren und Chatrooms – ob fremde oder eigene – gemeinsam zu diskutieren. Die Aggressivität und Direktheit virtueller Kommunikation kann unter Umständen massive Verletzungen zufügen, Ängste auslösen und das Gefühl der Isolation verstärken. Im besseren Fall kann man freilich auch einen Raum der Solidarität finden.

Die Sprache der Kleidung – den Körper vermissen

In einer der berührendsten Szenen der jüngeren deutschen Kinogeschichte trägt das bayerische Schauspielerurgestein Elmar Wepper einen dunkelblauen Rock mit weißen Tupfen, eine taubenblaue Strickjacke und eine Halskette mit dunklen Perlen. Er trägt die Lieblingskleidung seiner verstorbenen Frau Trudi, gespielt von Hannelore Elsner, über Hemd und Hose und unter einem schweren Wintermantel. Es ist die Zeit der Kirschblüte, ein großes Ereignis in Japan. »Kirschblüten – Hanami« heißt auch der Film, den Doris Dörrie 2008 bei der Berlinale in Berlin dem Publikum präsentierte und für den sie und ihr Hauptdarsteller den Deutschen und den Bayerischen Filmpreis erhielten.

Trudi, eine bayerische Hausfrau Ende fünfzig, hätte das Kirschblütenfest in Japan gern selbst gesehen. Es war das Ziel ihrer Träume, und eigentlich hätte sie ihren Traum leicht verwirklichen können, denn ihr Sohn Karli lebt und arbeitet schon seit fünf Jahren dort. Ein Besuch bei ihm wäre ein Leichtes gewesen, aber weil Rudi – der phlegmatische Büroangestellte aus der bayerischen Provinz, den Elmar Wepper eindrucksvoll gibt – von Abenteuer und Ausflügen in die unbekannte Ferne nichts hielt, blieb auch Trudi zu Hause, ganz ohne Gram. Ihr Lebensmittelpunkt war Rudi, und ihre Träume lebte sie eben als Träume aus. Ihrem Mann und ihren Kindern entging völlig, dass es neben der Mutter und Ehefrau noch eine andere Trudi gab.

Nachdem Trudi eines Nachts einen Sekundentod stirbt und Rudi morgens neben ihrem Leichnam aufwacht, begreift er in qualvollen Momenten, dass sein Zögern und Bremsen sie um einen Teil ihres Lebens gebracht haben. In ganz unspektakulären Bildern erlebt man als Zuschauer mit, wie tief und unbegreiflich die Trennung für ihn ist. Es gibt keine Worte dafür, auch keine dramatischen Zusammenbrüche und keine klagenden Monologe. Als Rudi nach der Urnenbeisetzung endlich wirklich allein ist, liegt er nachts auf seiner gewohnten Seite im Ehebett. Ihr Bettzeug ist längst verstaut, aber auf ihre Seite des Betts hat er den apricotfarbenen Kimono gebreitet, den Hausmantel von Trudi. »Trudi, wo bist du? Wo bist du denn?«, fragt er in die Leere und berührt den Saum ihres Gewands.

Den Kimono packt er schließlich ein, als er sich endlich auf die Reise in den fernen Osten macht und beim Sohn in einem Zweizimmerappartement unterkommt. In den Koffer packt er auch den

Rock, die Strickweste und die Halskette; Kleidungsstücke sind alles, was von ihrem Körper noch geblieben ist. Trudis Asche ist begraben und in einer unförmigen Urne im bayerischen Boden versenkt. Aber an ihrer Kleidung haftet noch etwas von ihr, als wäre sie selbst darin verborgen. Er nimmt es mit auf seine Reise, wenn Trudi schon selbst nicht dabei sein kann. Anfangs bleiben sie noch im Koffer, Rudi legt sie hin und wieder vor sich auf das Bett, wenn Karli nicht in der Nähe ist. Der versteht eh nicht, warum sein Vater sich so seltsam benimmt, und bleibt noch länger als sonst im Büro. So zieht Rudi allein los. Auf einem seiner ersten Streifzüge verschlägt es ihn in eine Strip-Bar; aber der Blick auf die nackten Genitalien der Tänzerinnen (während aus den Boxen treibende Eurodisco-Beats schallen und eine Sängerin schreit »I give you my heart, give me give me your love!«) bleibt ihm ebenso fremd wie die japanischen Schriftzeichen. Er versucht es mit einer Erotikmassage, aber die Bemühungen der beiden jungen Masseurinnen führen dazu, dass Rudi in Tränen ausbricht. Käuflicher Sex ist keine Erleichterung, sondern erinnert ihn nur noch mehr an seine Einsamkeit. Die Kamera zeigt all dies ohne Bewertung. Es war ein Versuch, aber es hat nicht geklappt.

Schließlich rafft Rudi sich auf. Er legt Rock, Strickjacke und Kette über seine normale Kleidung, zieht den Mantel darüber und beginnt seine Fahrten und Gänge in die Parks der fremden Stadt. Immer wieder hält der komische alte Mann mit dem bayerischen Trachtenhut unter einem Kirschbaum voller schwerer Blütentrauben inne und öffnet seinen Mantel, so dass Strickweste und Rock einen Blick auf die Blütenpracht erhaschen können. Später, als sein Sohn ihn endlich einmal fragt, was er denn den ganzen Tag mache, antwortet er, er habe viel zu tun mit den Erinnerungen an Trudi und er zeige ihr die Stadt. Klar, dass der Sohn kein Verständnis hat. Aber Rudi spürt das Leben, nicht nur das verlorene gemeinsame, sondern er beginnt dem Leben nachzuspüren, von dem Trudi immer geträumt hat, und die Kleidung ist die Brücke dorthin. Als Rudi selbst stirbt, trägt er Trudis Kimono und darunter ihr Unterkleid. Im Traum ist er vereint mit ihr im Tanz, Körper an Körper.

Ein Traum? Ein Alptraum für die Kinder, die nicht fassen, dass der Vater in Frauenkleidern starb, selbst wenn es die Kleider seiner Frau waren. Wie sehr man sich als Trauernder danach sehnt, den anderen noch einmal am Leib zu spüren, das ahnen sie nicht.

Doris Dörries Film, über zehn Jahre nach dem Tod ihres Ehemannes Helge Weindler gedreht, findet Bilder für die leiblich erfahrene Trauer, die keiner erklärenden Worte bedürfen. Er trifft Empfindungen, die wohl nur Trauernde nachvollziehen können. Er trifft das Gefühl, auf den ersten Reisen ohne den verstorbenen Partner einerseits ganz allein und verloren unterwegs zu sein und andererseits den anderen beständig um sich herum zu haben.

Es hat Gründe, dass Doris Dörrie Kleidungsstücke verwendet, um vom Trauerschmerz und körperlichen Verlangen zu erzählen. Im Theater und im Film spielen Kostümierungen und Kleider-Codes eine wichtige Rolle, um auf rein visuelle Weise etwas Wichtiges mitzuteilen. Kleider machen Leute, weiß der Volksmund; das bedeutet im Umkehrschluss, dass sich von der Kleidung auch auf die innere Befindlichkeit und die Identität von Menschen schließen lässt. Wenn Elmar Weppers Charakter im Film »Kirschblüten – Hanami« die eigene, Bodenständigkeit und Heimatverwurzelung vermittelnde Kleidung zunächst um die doppelt fremden Kleider seiner Frau ergänzt, dann zeigt dies, dass er auch ihr Innenleben und ihren Blick auf die Welt einzunehmen imstande ist. Dass er am Ende die eigenen Kleider völlig abgelegt hat und nur noch das trägt, was seine Frau im nichtöffentlichen Raum, in den abgeschlossenen vier Wänden des Privatlebens trug, zeigt eine letzte Vereinigung, eine Verschmelzung der beiden zu einer Einheit, die ihnen im Leben nicht möglich war. An einer Stelle im Film, kurz nach dem Tod Trudis, erklärt ihre Tochter ihren Besitzanspruch auf den Kimono: »Ich sehe sie mit dem immer in der Küche rumlaufen!« Der Kimono, Symbol der nicht ausgelebten und intimen Seiten Trudis, kleidet im Tod ihren Mann Rudi. Die Fesseln der Geschlechterrollen sind gesprengt, festgelegte Identitätsmuster aufgelöst.

Film- und Theaterwissenschaftler greifen bei Kostümwechseln auf die Ritualtheorie zurück, die Übergänge in kritischen Lebenssituationen durch drei Phasen gekennzeichnet sieht. Es beginnt mit einer Trennung, bei der die alte Kleidung des vergangenen Seins abgelegt wird. In einer Phase des Übergangs, einem schwellenhaften Zwischenzustand, vollzieht sich langsam und nicht ohne Risiko eine Metamorphose, bis schließlich in der dritten Phase eine Eingliederung in einen neuen Zusammenhang erkennbar wird, bei der die neue Kleidung wie eine zweite Haut übergestreift wird.

Die Bedeutung der Kleidung in der Trauer ist nicht damit abgetan, dass der Trauernde sich im Blick auf die eigene Person für oder gegen das Tragen von Schwarz entscheidet oder im Blick auf die verstorbene Person den richtigen Zeitpunkt abpasst, um den Inhalt ihres Kleiderschranks zur Altkleidersammlung zu geben oder anderswie zu verschenken. Allzu oft werden beide Handlungsweisen und Verhaltensoptionen als Markierung des Übergangs von einer in die nächste Trauerphase verstanden. Erfahrungsberichte Trauernder lassen aber erkennen, dass es um mehr geht.

Die eigene Kleidung, der eigene Stil gerät bei manchen Menschen durcheinander, weil die Identität in einer ganz grundlegenden Weise verunsichert ist. Das Schwarz, das von der Konvention angeboten wurde, erleichterte in dieser Unsicherheit die Wahl und markierte zugleich die Zuschreibung der sozialen Rolle als Trauernde. Ich erinnere mich an nicht wenige Frauen (es waren immer und ausschließlich Frauen) in der dörflichen Heimat meiner Kindheit, die aus dem Schwarz ihrer Trauer nie wieder herausfanden. Das Schwarz der traditionellen Trauerkleidung, das zugleich auch Schmucklosigkeit bedeutet und den Körper und seine Formen betont unbetont wirken lässt, war auch ein Stempel, ein Hinweis auf einen geminderten sozialen Status als Witwe. Darin besteht eine Leistung des Charakters im Film Doris Dörries, dass er sich der Zuweisung einer fremdbestimmten sozialen Rolle entzieht und sich auf die schmerzhafte Suche nach einer eigenen Trauerkleidung begibt.

Das Ausräumen des Kleiderschranks und die Entsorgung seines Inhalts markieren sicher einen wichtigen Zeitpunkt im Prozess des Abschiednehmens vom Verstorbenen. Bei manchen Trauernden vollzieht er sich in Etappen, bei anderen in einem einmaligen Akt. In jedem Fall ist es mit einem ungeheuren Kraftakt verbunden, der nicht von der Quantität der Kleidung abhängt. Der Verstorbene verliert mit den Kleidern in den Augen der Hinterbliebenen eine Art symbolisches Wohnrecht am angestammten Ort. Als würde man ihn aus dem eigenen Leben verbannen, wenn nichts mehr materiell an ihn erinnert. Für manche ist dies erst in dem Moment möglich, wo die innere Erinnerungsfähigkeit ohne äußere Objekte auskommt.

Manche Bücher und Ratgeber zu Trauerbegleitung erinnern in diesem Zusammenhang an die schwierige, aber notwendige Aufgabe, dem Verstorbenen einen neuen Platz zu geben und sich selbst wieder neu dem Leben zuzuwenden. Das Modell der Traueraufgaben nach William Worden (2011) steht hier oft im Hintergrund und benennt sicherlich Richtiges und Wichtiges. Trauernde sollen dann ermutigt werden, sich angemessen zu verabschieden und sich mit einem guten Gewissen dem Leben neu zuzuwenden. Das Festhalten an Gegenständen und Objekten, die eine bleibende Verbindung mit dem Verstorbenen herstellen, wird dagegen als Verharren und Festhalten an der Vergangenheit beschrieben. Nach meinem theologischen Lehrer Michael Schibilsky ist dies ein Zustand, der in einer Art spiralförmiger Bewegung in der Trauer mehrfach durchwandert wird. So einfach ist die Ablösung also nicht.

Wenn ich dem Film »Kirschblüten – Hanami« folge, steht der Umgang mit der Kleidung aber in einem größeren Zusammenhang, der über das Abschiednehmen hinausreicht. Es geht nämlich bei der Kleidung nicht nur um eine abstrakte Identität, weder die des verstorbenen Menschen noch die des überlebenden Partners. Die Kleidung des Verstorbenen ist nach der Beerdigung oft der einzige Gegenstand, der an seine Körperlichkeit erinnert. Noch eine Weile riecht sie nach ihm. Die Berührung der Kleidung erinnert an die Berührung des anderen. Ihre Textur, ihre Farbe und ihr Stil rufen den Körper und seine Art, sich darin zu bewegen, in Erinnerung. Durch die Berührung der Kleidung des Verstorbenen berührt nicht nur der Lebende symbolisch den Toten, sondern lässt sich der Überlebende berühren vom Verstorbenen. Über die Kleidung kann die Kommunikation auf eine ganz körperliche Weise fortgesetzt werden und erfüllt damit ein Bedürfnis nach Verschmelzung und Einssein, wenn auch nur vorübergehend. Aber diese über die Kleidung vermittelte Berührung ist vielleicht über einen langen Zeitraum die einzige, die er als Hinterbliebener ertragen und zulassen kann. Wer Trauernde drängt, endlich den Kleiderschrank komplett aufzulösen, nimmt nicht nur dem Verstorbenen das symbolische Wohnrecht in der Welt, sondern nimmt dem trauernden Partner auch die Möglichkeit, sich als körperliches, als sexuelles Wesen zu empfinden. Kein Wunder, dass die Film-Kinder Elmar Weppers dafür kein Verständnis haben. Wer will die Eltern schon als sexuell aktive Wesen wahrnehmen?

Der Wechsel in der eigenen Kleidung markiert aber noch etwas anderes. Wenn ein Trauernder sich von neuem mit Kleidung befasst, sich wieder für Mode, Farben, Figur interessiert und vielleicht sogar etwas Neues anschafft, bedeutet dies auch, dass er den eigenen Körper und seine Bedürfnisse auch ohne den verstorbenen Partner denken kann.

Eine ungemein erfolgreiche Komödie aus der Schweiz hat genau mit diesem Gedanken gespielt: Der Film »Die Herbstzeitlosen« der Regisseurin Bettina Oberli aus dem Jahr 2006 erzählt von der achtzigjährigen Martha (grandios gespielt von Stephanie Glaser, einer Ikone des Schweizer Fernsehens), die auch neun Monate nach dem Tod ihres Ehemanns Hans ihm am liebsten ins Grab folgen würde. Ihr Sohn, der Pfarrer des kleinen und gänzlich traditionsverbundenen Dorfes im Emmental, würde gern den kleinen Laden, den Martha und Hans betrieben, für seine Bibelstunde nutzen. Er macht Martha damit klar, dass es Zeit wird, sich endlich ganz vom Vergangenen zu verabschieden. Dank ihrer Freundinnen wehrt sich Martha dagegen und sucht nach einer anderen Nutzung. Auch sie entdeckt bislang nicht ausgelebte Lebensträume und findet den Mut, sie zum Ausgangspunkt ihres neuen Daseins zu machen. Zu gern wäre sie Schneiderin gewesen, aber ihrem Mann war das nicht recht, zumal es sich auch noch um das Schneidern von Dessous für Frauen handelte. Martha investiert gegen viele Widerstände alles in die neue Aufgabe. Vordergründig geht es nicht um Reizwäsche für den Eigengebrauch, sondern um die Anrüchigkeit, dass sich eine alte Frau gegen alle Rollenzuschreibungen mit Frivolem bereichern möchte. Die Kleidung signalisiert jedoch die Entdeckung, dass Sinnlichkeit, Erotik und das Spiel mit sexuellen Reizen die Trauer – nicht nur um den verstorbenen Partner, sondern auch um ein verpasstes Leben – nicht beenden, sondern ihr eine neue und aktivierende Dimension verleihen.

Der Umgang mit Kleidung in der Trauer kann ein Spiel sein, ein Raum der Kreativität, des Schmerzes, des Verlierens und Gewinnens. Die Spielregeln sind jedenfalls noch nicht geschrieben.

> **Tipp für Begleiter*innen**
> Zögern Sie nicht mit Äußerungen zu dem, was Ihr Klient oder Ihre Klientin trägt – an Kleidung oder Accessoire –, indem Sie Ihre Wahrnehmung einfach ins Wort bringen, ohne zu bewerten oder zu deuten. Geben Sie Ihrem Gegenüber Gelegenheit, über ihre Kleidungsauswahl zu sprechen. Was war ihr Gedanke oder ihr Bauchgefühl, als sie nach diesem oder jenen Stück gegriffen hat? Verbindet sie etwas damit? Erinnert es ihn an etwas? Steht hinter der Wahl eine Absicht?
> Fragen Sie bei Möglichkeit direkt danach, ob die trauernde Person ein Lieblingsstück des Verstorbenen hat. Wonach riecht es, wann hat er/sie es am liebsten getragen? Wie sah das damals aus?
> Über das Thema Kleidung kommen Sie gut ins Gespräch über haptische Aspekte der Beziehung und der Trauer.

Zu sich selbst sprechen: Masturbieren

Meine Finger zieren sich regelrecht, in die Tasten zu greifen. Unter den vielen Themen, die es bei Sexualität anzusprechen gilt, scheint das Thema Masturbieren besonders schwierig. Es befindet sich irgendwo in einem Bereich zwischen »technisch-steril« und »schmuddeliger Schweinskram«. Und gerade das entspricht dem Thema in seiner Lust und Unlust.

Das scheint nicht nur mir so zu gehen, sondern auch anderen, sogar Wissenschaftler*innen. In einem Band zu Sexualität, Körper und Neurobiologie (Stirn et al., 2014), auf den ich zum Verständnis und zur Recherche intensiv zurückgegriffen habe, sucht man im umfangreichen und detaillierten Stichwortverzeichnis vergeblich nach »Masturbation«, obwohl dies immer wieder in den Beiträgen behandelt wird.

Und in den wenigen wissenschaftlichen Studien, die seit Masters und Johnson ältere Menschen nach ihrer Sexualität, nach sexueller Aktivität und sexuellen Beziehungen gefragt haben, wird Masturbation gar nicht angesprochen, weil die Forscher nicht wissen, ob sie damit eine Schamgrenze überschreiten. Die Frage ist allerdings: die ihrer Interviewpartner oder ihre eigene? Wahrscheinlich die von beiden; so lautet jedenfalls die Vermutung einer Übersichtsarbeit über diese Untersuchungen von Merryn Gott (2005).

Aber das Thema auszulassen, wäre auch nicht hilfreich. Denn Masturbation stellt eine der Möglichkeiten dar, durch die Menschen Sexualität auch aktiv leben, wenn sie ihr Gegenüber für Zärtlichkeit, erregende Berührung und gegenseitige Befriedigung verloren haben. Das im Deutschen gebräuchliche Wort »Selbstbefriedigung« scheint mir da wenig hilfreich zu sein, denn es weckt Assoziationen einer rein auf sich selbst bezogenen, sich selbst erregenden und befriedigenden und damit sich selbst genügenden Person. Es ist zudem für viele Menschen nicht frei von der moralischen Missbilligung, die so lange elterlich-erziehenden, kirchlichen und gesellschaftlichen Umgang prägte. Was wurde Kindern nicht alles angedroht und prophezeit, wenn sie beim Masturbieren »erwischt« wurden. Dies waren sicher Versuche, wie beim Pawlow'schen Hund erwünschtes sexuelles Verhalten zu fördern und Unerwünschtes durch Bestrafung, Strafandrohung oder Furcht vor negativen Folgen zu unterdrücken. Ob diese »sexuelle Konditionierung« wirklich funktioniert, ist in der Forschung noch umstritten (Klucken et al., 2009), aber man wird wohl davon ausgehen können, dass viele Frauen und Männer solchen Konditionierungsversuchen ausgesetzt waren und sich deshalb bei diesem Thema schuldig fühlen, Strafe fürchten oder Scham empfinden.

Im Film »Das weiße Band« des österreichischen Regisseurs Michael Haneke muss der älteste Sohn eines Dorfpastors zur Strafe für sein (nur vermutetes) nächtliches Onanieren ein weißes Band am Oberarm tragen. Die Stigmatisierung vor den Geschwistern und der ganzen Dorfgemeinschaft wirkt verheerend auf den Jungen. Dass der Pastor die Selbstbefriedigung als größtes denkbares Übel bekämpft, während eine Welle der Gewalt durch das Dorf schwappt, die von 1914 über 1933 bis 1939 führt und von ihm völlig ignoriert wird, zeigt, wie ideologisch die sexuelle Konditionierung durchgesetzt wurde, während andere Lebensbereiche wie soziale Gerechtigkeit, Integration Behinderter und Gleichberechtigung völlig ausgeblendet blieben.

Für viele Menschen, auch jüngere, ist Masturbation noch immer mit tiefer Scham besetzt. Der Theologe Godwin Lämmermann verweist auf die Allianz sogenannter »Schwarzer Pädagogik« mit Sexualerziehung und ihrer Instrumentalisierung von Angstgefühlen bis zu den »Moralerziehern des Generativitätsdogmas«: »Onanie zumindest ist auf jeden Fall eheschädigend, weil man dadurch auf sich selbst fixiert wird. [...] Die Lust am eigenen Körper hatte jahrhundertelang das Privileg, die jugendliche Ursünde schlechthin zu sein. Ihre Verteufelung kannte keine Grenzen« (Lämmermann, 2002, S. 28).

Sogar der sonst in Kirchenkreisen wenig geliebte Sigmund Freud wurde von Moralisten entdeckt, weil er bei Frauen zwischen einem klitoralen und einem vaginalen Orgasmus unterschied. Masturbation konnte als Stehenbleiben bei einer regressiven, infantilen Sexualität gewertet werden.

Man kann auch anders mit dem Thema umgehen. Masturbation ist keineswegs unbedingt selbstbezogen, sondern stellt eine Form der stillen bis leidenschaftlichen Zwiesprache der Seele, der Psyche mit ihrem weiten Raum der Vorstellungskraft mit dem konkreten und begrenzten Raum des eigenen Körpers dar; eine Zwiesprache, die andere Menschen keineswegs ausschließt, sondern umfassen kann. Deshalb sind die folgenden beiden Überlegungen nach den personalen Bezugsgrößen Selbst/Andere gegliedert.

Masturbation und das Verhältnis zum eigenen Selbst
Es hat mich als Leser vor vielen Jahren sehr beeindruckt, wie frei und entdeckungsfreudig die amerikanische schwarze Schriftstellerin Alice Walker in ihrem Roman »Die Farbe Lila« das Entdecken des eigenen Körpers und die Lust, sich selbst zu berühren, geschildert hat. Für ihre Romanheldin Celie war es ein Prozess des bewussten Abschieds von einer Vergangenheit des Missbrauchtwerdens. Wenn sie ihre Hände dorthin wandern ließ, wo vorher nur gewaltvolle männliche Hände nach ihr griffen und männliche Glieder sich ihren Machtbereich gesichert hatten, dann war das eine Befreiung. Zwei Kinder hatte sie in sich getragen und geboren, beide Ergebnis der Übergriffe durch den Stiefvater. Beide, ein Mädchen und ein Junge, werden ihr entrissen und zur Adoption »freigegeben«. Celie trauert um ihre Kinder, aber um sich selbst kann sie ganz lange nicht trauern, denn sie weiß gar nichts über sich selbst, ihren eigenen Wert, ihre eigene Würde. Bis sie – mit Hilfe der sexuell aktiven und frei lebenden Sängerin Shug – die Sprache ihrer eigenen Hände lernt. Celie entdeckt spielerisch und mit Lust, und vor allem ohne schlechtes Gewissen die Möglichkeit, sich selbst zu berühren und dem nachzugeben, was sie dort empfindet. Wo sie bislang jede Empfindung vermied, weil sie nur Schmerz bedeutete, kann sie sich nun dem Schauer hingeben.

»Mein Gesicht is so heiß, dass es von selber schmelzen könnt.
[Shug] sagt, hier nimm mal den Spiegel und kuck dich da unten an. Ich wette, du hast das noch nie gesehen, oder?
Nä.
Und ich wette, du hast Albert [den Ehemann] da unten auch nie gesehen.
Ich hab ihn gespürt, sag ich.
Ich steh da mit dem Spiegel.
Sie sagt, was, schämst du dich so, dass du nich mal gehen kannst und dich selbst ankucken? Und dabei siehste so niedlich aus, sagt sie und lacht. […]
Ich kuck sie an und lang mit meinem Finger dran. Ein kleiner

Schauder geht durch mich durch. Nicht viel. Aber grad genug, dass ich weiß, das is der richtige Knopf zum Drücken« (Walker, 2011, S. 73 f.).

Celie erlebt und erlernt ihren Körper auf eine Weise, der ihn zu einer Zone der Selbstbestimmung macht: Sie gewährt niemandem mehr das Recht, sich ihrer zu bemächtigen. Ihre Selbsterkundung wird ein Weg zur Selbstbestimmung. Verbunden ist dieser Prozess freilich auch mit der Aufgabe, sich den schmerzlichen Erinnerungen zu stellen, die der Körper in sich trägt und die sich dem bewussten Zugriff der Sprache, manchmal sogar dem bewussten Zugriff der Seele entziehen. Gerade die empfindlichsten und empfindsamsten Regionen unseres Körpers, die auf jede Form von Berührung reagieren, tragen ein eigenes Gedächtnis in sich: ein erinnerungsfähiges Leibempfinden, das schöne und schmerzhafte Erfahrungen in sich speichert.

Im Roman von Alice Walker erlebt Celie dies, als sie die Empfindsamkeit ihrer Brustwarzen entdeckt: Sie erinnert sich an ihre beiden Kinder, die ihr nach dem Abstillen entrissen wurden, und daran, dass ihr das Stillen Glück, ja körperliche Lust bereitet hatte. Umso mehr trauert sie nun um ihre Kinder.

Trauer ist mit dem Speichermedium Körper eng verknüpft, und auch dies ist zu beachten, wenn Trauernde sich zu einer Art Entdeckungsreise an ihrem eigenen Körper aufmachen.

Masturbation ist deshalb nicht nur die mechanische Manipulation der Sexualorgane und erogenen Zonen, obwohl dies ein wesentlicher Bestandteil davon ist. Die Motivation zu sexueller Aktivität ist nach den Einsichten der Neurobiologie – also der Wissenschaft der biologischen Zusammenhänge und Abläufe im menschlichen Gehirn – ein komplexes, wenn nicht gar kompliziertes Zusammenspiel ganz verschiedenartiger Vorgänge, bei denen unterschiedliche Bereiche im Gehirn zusammenwirken.

Manche Forscher haben ein »Vier-Komponenten-Modell« ausgemacht, bei dem kognitive, emotionale, motivationale und autonome Aspekte ineinandergreifen und gemeinsam stimulierend wirken, obwohl sie gar nicht direkt zusammenhängen. Rein erotische Reize werden in einem anderen Hirnareal verarbeitet als die »ebenso wichtige emotionale Komponente«, die sexuelle Aktivität befördert oder auch hindert. Die Hirnforschung der letzten Jahrzehnte kann mittels bildgebender Verfahren auch verfolgen, was sich wo im menschlichen Gehirn abspielt, wenn sexuelle Erregung und Aktivität zunehmen. Weite Teile des Gehirns lassen eine »massive Aktivitätsänderung« bei sexueller Erregung und Aktivität erkennen (Metzger et al., 2014) – und das gilt auch für die autoerogene Aktivität. Sie ist ebenso wie partnerschaftliche sexuelle Aktivität mit angenehmen Erfahrungen verbunden, die sich bis in biochemische Veränderungen im Körper nachweisen lassen, etwa bei Männern durch einen erhöhten Noradrenalinspiegel im Liquor sowohl bei sexueller Erregung als auch bei Samenerguss, der durch Masturbation herbeigeführt wurde.

Masturbation und das Verhältnis zum Verstorbenen

Zu dieser angenehmen Erfahrung führen unterschiedliche Wege – und sie haben auch nicht alle das Ziel eines Orgasmus. Die Wege umfassen sowohl körperliche Stimulation, das Manipulieren an den eigenen erogenen Stellen, mal sanft, mal eher zupackend, fast aggressiv. Ebenso gehört aber auch mentale Kraft dazu, etwa die Vorstellungskraft, die Imagination, die mitunter so stark sein kann, dass sie bei manchen Menschen ohne körperliche Stimulation zum Orgasmus führen kann (Georgiadis, 2014). Schon Sigmund Freud wies darauf hin, dass »Phantasien im Seelischen ebenso bedeutsam sind wie reale Erlebnisse« (1905).

Die Vorstellungskraft ist kein rein kognitiver und innerpsychischer Prozess, sondern kann sinnlich-körperliches Empfinden anregen und verstärken. Der Raum der Phantasie ist groß und kreativ. Er ist in der Lage, eine Art virtuelle Realität entstehen zu lassen, in der manches möglich ist und zu Reaktionen in der Wirklichkeit führt, was eigentlich jenseits der Realität liegt. In einer Darstellung psychoanalytischer Theorien zu Sexualität schreibt Walter Osborn: »Ganz zweifellos stellen Phantasien einen wesentlichen Stimulus für die sexuelle Erregung dar. Sie ermöglichen Autonomie und kreatives Probehandeln. In der Phantasie können erregende Szenen unabhängig von einem tatsächlichen Kontakt erschaffen und die Objekte der sexuellen Begierde in beliebiger Weise kreiert und manipuliert werden. Für analytische Behandlungen ist es wichtig, sexuelle Phantasien zu normalisieren, sodass sie der Patient als einen Spielraum für die Entdeckung seiner Wünsche erleben kann. Andererseits können Phantasien auch ein Hemmnis für das lustvolle Erleben sein, wenn sich Phantasien aufdrängen, die mit dem Selbstkonzept nicht kompatibel sind« (Osborn, 2014, S. 67).

Für Witwen, Witwer und überlebende Lebenspartner*innen kann sich eine solche Phantasie auf den verstorbenen Partner oder die verstorbene Partnerin beziehen. Durch die körperliche Erinnerung werden Erlebnisse wieder geweckt, die sich mit der gemeinsam erlebten und gelebten Sexualität verbinden. Über Osborn hinaus ermöglicht die Phantasie nicht nur Autonomie und kreatives Probehandeln, sondern erinnerte Beziehung und den Zugang zu Vergangenem. Mentale Vorstellungskraft spielt dabei eine erhebliche Rolle, aber auch andere, weniger kognitiv steuerbare Medien der Erinnerung sind daran beteiligt, welche sinnliche und mentale Erinnerungen gleichermaßen stimulieren. Die leibhafte Erinnerung an den Körper des verstorbenen Partners – oder bei trauernden Geschiedenen an den Körper der getrennt lebenden Partnerin – wird als lebendig erfahren und in die eigene sexuelle Aktivität integriert. Ob dies dann noch als Selbstbefriedigung bezeichnet werden kann, sei dahingestellt. Masturbation stellt auf diese Weise zumindest übergangsweise eine Form der Kommunikation mit dem Verstorbenen dar – allerdings dezidiert als eine Form der Kommunikation mit einer vergangenen Figur, nicht einer lebenden Person. Dies ist wichtig zu betonen, um jeglicher Vorstellung eines wiederkehrenden Geistes des Verstorben zu wehren: Der phantasierte Partner wird nicht als aktuell lebend vorgestellt. Die Erinnerung an körperliche Vereinigung oder zärtliche und erotische Situationen bezieht sich klar auf Früheres, das in der Gegenwart mimetische Präsenz erhalten kann.

Viele Menschen schildern die ekstatische Erfahrung der sexuellen Vereinigung als etwas, das Raum- und Zeitgefühl zu sprengen in der Lage ist, geradezu ein Außer-sich- und Ganz-beim-andern-Sein; so mag die erinnernde Phantasie in der Ekstase der Masturbation für einen Moment die Trennung überwinden und ein vorübergehendes Beisammensein ermöglichen. Für diesen einen Augenblick ist die »Verhältnislosigkeit des Todes« (Jüngel, 1971) in Frage gestellt, auch wenn sie danach in aller Unbarmherzigkeit wieder an Boden gewinnt. Die Erfahrung ähnelt am ehesten einem Spiel: In der bewusst spielerischen Inszenierung von Situationen werden Phantasien, Tagträume und Szenen aus der Vergangenheit erlebt und ausgelebt. Die spielende Person setzt sich der Macht der Vergangenheit und der Phantasie aus, mitsamt ihren mitunter überflutenden und absorbierenden Tendenzen, die möglicherweise sogar von der Realität entfremden.[2] Im Spiel aber kann dem Bedürfnis nachgegeben werden, die Zeit noch einmal zurückzudrehen, sich auf mehreren Ebenen verbunden, sich geliebt und begehrt zu fühlen und ein Ziel für das eigene Begehren und Lieben zu haben.

Diese Form von Masturbation ist aber nicht nur als lustvoll erlebbar, sondern kann ebenso auch mit schmerzhaften Gedanken und Gefühlen verbunden sein und die Traurigkeit steigern: Der andere ist eben nicht wirklich da, er bleibt eine Phantasie. Das Gefühl, letztendlich doch allein und alleingelassen zu sein, ist ebenso vorhanden wie die Sehnsucht nach dem anderen. Die zur Masturbation gehörende Erinnerung an die verstorbene Partnerin oder den verstorbenen Partner hat darum Bedeutung vor allem in einer Übergangsphase; sie ist dabei potenziell mit dem Gefühl von Verzweiflung verbunden. Es kann sogar dazu führen, dass die emotionale Situation einen Orgasmus verhindert und damit das traurige Bewusstwerden der dauerhaft ausbleibenden Möglichkeit sexuellen Glücksgefühls mit dem verstorbenen Partner erhöht. Aber selbst dann kommt der

---

2   Ich übernehme hier Aspekte aus der Literatur zu Jorgos Canacakis' Theorie des Ritus im Trauerprozess. Im zweiten Trans-Zyklus kommt es zu einer »Zeit der Inspiration und des kreativen Sprungs«, bei dem die Erinnerung und Erfahrung des Verstorbenen überhand nehmen kann, Dialoge mit dem Toten geführt werden und der Tote verstärkt in der Vorstellung gesucht wird. Vgl. dazu v. a. Gutmann (2002, S. 195 ff.).

Masturbation im Rahmen der Trauererfahrung eine wichtige Funktion zu, denn sie stellt eine Form der »kreativen Dramatisierung und Expression der Trauer« (Gutmann, 2002, S. 199, dort ohne Bezug zu Masturbation) dar, bei dem das innere Trauererleben leiblich erfahrbar und gestaltbar wird und der Trauerschmerz Gestalt gewinnt.

Masturbation als spielerisches Experimentieren
Wenn Masturbieren eine Art Spiel oder vielmehr ein Ernstfall von Spiel ist, dann gehört dazu auch, dass die Phantasie, soweit sie steuerbar ist, anderes zulässt, andere Situationen imaginieren kann und sich auf andere potenzielle Partner*innen beziehen kann. Der Zusammenhang von Spiel und Sexualität wird gern auf das »Spiel der Begegnung« mit einem Partner oder einer Partnerin bezogen; dies lässt sich aber meines Erachtens auch auf das Spiel mit sich selbst anwenden.

Der in Wien lehrende reformierte systematische Theologe Kurt Lüthi, der sich als Theologe intensiv mit Psychoanalyse auseinandersetzte, geht auf den Zusammenhang von Spiel, Religion und Sexualität ein und zeigt auf, dass der spielerische Umgang über das bloß rational aufklärerische und die an der Anwendung orientierten Techniken hinausgeht: »Meines Erachtens zeigt der Spielaspekt, dass eine geglückte, sexuelle Begegnung ein anspruchsvoller Gestaltungsvorgang ist, der viel Sensibilität und Mut zur Phantasie verlangt. Das Spiel der Begegnung ist aber auch deswegen einer rationalen Aufklärung überlegen, weil es Erfahrungswege und Lernprozesse impliziert; ohne Erfahrung und Lernprozesse ist aber eine authentische Sexualität nicht mehr möglich« (Lüthi, 2001, S. 130).

Es soll hier keineswegs die Öffnung gegenüber neuen und anderen Partnern zum Ziel der Trauerbegleitung im Kontext von Sexualität ernannt werden. Sexualität, Intimität und sexuelle Gesundheit sind nicht gleichbedeutend mit dem Ausleben und Praktizieren sexueller Aktivität in Gestalt von Geschlechtsverkehr, sondern umfassen weitaus mehr, und dazu gehört auch die Möglichkeit eines bewussten Verzichts auf sexuellen Verkehr mit anderen oder einem anderen Partner.

Masturbation stellt aber auch hier eine Möglichkeit der Exploration künftigen Verhaltens dar, denn die Phantasie macht es möglich, Wünsche in der Vorstellungskraft virtuell real werden zu lassen, ihre Wirkung auf das Selbstwertgefühl, das eigene Erleben und das Selbstbild auszuprobieren und aufmerksam zu registrieren. Ohne einen anderen Menschen dadurch zu instrumentalisieren oder gar zu funktionalisieren, können das eigene Verhalten und Empfinden imaginiert werden, gerade auch im Blick auf das körperliche Agieren und Reagieren. Nicht zuletzt kann man über das Masturbieren auch ein spielerisches Experimentieren mit der Frage zulassen, ob überhaupt eine innere Offenheit für eine andere Beziehung oder sexuelle Aktivitäten ohne feste Partnerbindung besteht.

Kurt Lüthi kommt in Auseinandersetzung mit psychoanalytischen Theorien der Sexualität auf das von Wilhelm Reich übernommene Stichwort der »Selbststeuerung« zu sprechen und zählt auch Masturbation als eine Möglichkeit auf: »Es müsste mehr Mut geben, einzelne Vorgänge des Sexualverhaltens ihrer Selbststeuerung zu überlassen: Berührungen, Zärtlichkeit, Masturbation und Petting, Prozesse im Bereich des Orgasmus-Geschehens usw. Ich meine: Eine personale Begegnung der Geschlechter im Bereich des Sexualverhaltens könnte und müsste diesen Mut zur Selbststeuerung aufbringen. Zielvorstellungen könnten mit den von mir angewandten Formulierungen entstehen: Recht auf Glück, Recht auf Lust, Recht auf Leidenschaft, Recht auf Festlichkeit des Lebens. Theologisch würde ich mich wieder auf den Gesichtspunkt beziehen, Sexualität gehöre zu den guten (Schöpfungs-)Gaben Gottes. Meine Einschränkung gegenüber der Sicht von [Wilhelm] Reich würde ich dort sehen, wo er die Balance zwischen Lust- und Realitätsprinzip missachtet. Das damit gegebene Regulierungsprinzip müsste im Dienste der Ich-Du-Begegnung als Kriterium bestehen bleiben« (Lüthi, 2001, S. 383).

In meiner Leseweise heißt das: Masturbieren erlaubt es Trauernden, sich vorsichtig tastend und lustvoll erlebend den komplexen Vorgängen zwischen Gehirn, Genitalien und Gefühlen anzuvertrauen, ihnen eine Steuerung des eigenen Verhaltens zuzutrauen und sich dabei auf den Weg zu einer neuerlichen Ich-Du-Beziehung zu begeben. Dieser behutsame Weg wird dann auch die individuelle und subjektive Bedeutung von Sexualität und Intimität eröffnen und dazu führen, dass und wie neue Beziehungen gelebt und gestaltet werden können. Bei der innigen Zwiesprache mit sich selbst zeigen Körper und Phantasie, »was geht« und »was gar nicht geht«. Wenn darin etwas vom biblischen Schöpfungsgedanken (»Es ist nicht gut, dass der Mensch allein sei«) und der Festlichkeit des Lebens zur Geltung kommt, dann verweist dies darauf, dass theologische Deutung nicht moralistische Konditionierung ist, sondern einen Raum der Freiheit eröffnet.

Nicht ohne Grund bezieht sich der Treueschwur im kirchlichen Trauformular auf die guten und die schlechten Zeiten, »bis dass der Tod euch scheidet«. Das Empfinden einer lebenslangen Bindung ist aber nicht für alle Menschen das Gleiche. Für manche mag die Gebundenheit bis zum eigenen Tod dauern, für andere bereits mit dem Tod der Partnerin zu Ende sein. Die Öffnung für eine neue Beziehung hängt stark davon ab, wie Menschen diese Bindung für sich begreifen. Vielleicht stellt das experimentelle Spiel der Masturbation eine Möglichkeit zur Exploration des eigenen Bindungsgefühls dar. In jedem Fall ist Mut zu machen zu einer »Selbststeuerung«.

> **Tipp für Begleiter*innen**
> Das behutsame Thematisieren von Masturbation im Rahmen einer Trauerbegleitung sollte darauf achten, ob und wie die Erinnerung an den verstorbenen Partner oder die vermisste Partnerin sich anfühlt, wie sie wirkt, ob sie als hilfreich und das Selbst stärkend erlebt wird oder als belastend und das Selbstwertgefühl mindernd. Eine der wichtigsten Fragen ist, ob sie als lustvoll oder als verzweifelt erfahren wird – ein Hinweis auf die Lebensdienlichkeit von Sexualität. Es besteht eben auch die Möglichkeit, dass die sexuelle Phantasie und das Masturbieren zu einem beinahe zwanghaften Festhalten an der Vergangenheit führen, zu einer Art Ritual, das andersgerichtete Phantasien oder Entwicklungen verhindert.

Die Sprachlosigkeit der Eltern: Sexualität nach dem Tod eines Kindes

Ich bin mit Leidenschaft Theologe. Das liegt vor allem am unerschöpflichen Fundus der biblischen Texte und ihrer Bandbreite an Inhalt und Bedeutung. Die Erzählungen der hebräischen Bibel sind manchmal an Drastik nicht zu überbieten, vor allem in ihrer Schilderung menschlichen Tuns und Empfindens fern jeder spirituell-geistlichen Überhöhung. Auch vor zwei, drei Jahrtausenden haben sich Trauernde überraschend und schockierend verhalten – und geben Menschen bis heute Stoff zum Nachdenken und zur Selbstreflexion. Es wird nicht verwundern, wenn ein Pfarrer so etwas schreibt, aber beim folgenden Beispiel aus dem Alten Testament geraten vielleicht auch Nichttheologen ins Staunen.

»Und er ging zu ihr hinein und wohnte ihr bei ...«
In der hebräischen Bibel wird von der Trauer des Königs, Dichters und Musikers David erzählt, die der Tod seines Sohnes auslöst. Das Kind ist unerwartete Frucht seiner Beziehung mit Batseba, die ganze Geschichte ist verworren und voller böser Intrigen – aber das ändert nichts an den Emotionen der Eltern. Von den Gefühlen der Mutter allerdings erfährt die Leserschaft wenig. Das hat nicht erst die feministische Auslegung bemerkt, die der Erzählung ihren männlichen Blick ankreidet, sie sogar als »Vergewaltigung mit einem Schreibstift« wertet (Exum, 1993, S. 170 ff.). Gleichwohl kann sich die Leserin, der Leser manches zusammenreimen, denn Batseba trauert in der Geschichte mehrfach. Sie ist mit dem Soldaten Uria verheiratet, der es während eines Kampfeinsatzes wider seine soldatische Moral findet, zwischendurch nach Hause zu kommen, um bei seiner Frau zu sein, auch wenn das möglich wäre. Männerbünde und Krieg gehen offensichtlich vor. Stattdessen schläft König David mit ihr (ob mit oder ohne ihr Einverständnis, interessiert den biblischen Erzähler nicht weiter), schwängert sie und sorgt dann dafür, dass Uria im Kampf stirbt, weil dieser wegen seiner soldatischen Abstinenz als Erzeuger ja nicht in Frage kommt und David

damit in Verruf brächte. Der gesamte sexuelle Kontakt geht von David aus, er sieht die Frau nackt, begehrt sie, holt sie und nimmt sie, inmitten einer Welt von Gewalt und Krieg (vgl. auch Müllner, 1999), vielleicht sogar als Ausdruck von Gewalt und Brutalität. Das wird noch wichtig, denn in der Situation der Trauer verändert sich auch die Bedeutung von Sexualität in der Geschichte – weg von Gewalt, Macht und Ursünde (Mord!) hin zu Trost, Begleitung und Versöhnung.

Trotz allem: Batseba trauert und hält die Totenklage für ihren Mann. Dies ist – neben der Mitteilung ihrer Schwangerschaft – die einzige Schilderung aktiven Handelns von Batseba, was leider keiner und keinem der mir bekannten Kommentator*innen einen Hinweis wert war. Der biblischen Erzählung im 2. Buch Samuel 11 und 12 zufolge zieht Gott David zur Rechenschaft und lässt das Kind nach einer heftigen Krankheitsphase sterben. Von Batseba wird dabei wieder nichts erzählt, dafür aber von David: Er verbringt die Tage bis zum Tod – wie in antizipierender Trauer – mit Beten und Fasten, Weinen und Selbstkasteiung. Der ganze Hof ängstigt sich vor Davids Trauer nach dem Tod des Kindes. Doch der reagiert ganz anders als gedacht, wäscht und pflegt sich, zieht frische Kleidung an, geht in den Tempel und isst ausgiebig. Ob seines Verhaltens gefragt, sagt er, er könne am Tod seines Sohnes nun nichts mehr ändern. Angesehene Kommentare haben das in androzentrischer (also auf Maskulinität gerichtete) Weise als »Willensstärke in der Überwindung unnötigen Schmerzes« oder »Beweis gesunden Menschenverstandes und männlicher Haltung« gewertet (vgl. Hertzberg, 1956, S. 254). Dann heißt es (2. Sam 12,24): »Und als David seine Frau Batseba getröstet hatte, ging er zu ihr hinein und wohnte ihr bei.«

Batseba trauerte (schon wieder), aber diesmal wird sie getröstet. Und sie schlafen miteinander. Natürlich sehen die von Männern verfassten Kommentare – und wahrscheinlich auch die männlichen biblischen Erzähler – darin den nahtlosen Übergang zur Zeugung eines neuen Kindes, das als Thronfolger Salomo in allem als Wunschkind und Sonnenschein in der ganzen tristen Situation gelten könnte. Das wäre dann zugleich ein biblisch legitimiertes Trösten im Sinne des unsäglichen »Du kannst ja wieder schwanger werden!«. Aber mir scheint der Zusammenhang zwischen Trost und sexuellem Verkehr hier gänzlich anders zu sein als der erste, in dem David sich inmitten von Gewalt und Macht die Frau einfach nahm. Jetzt kommt es zu einer Begegnung auf Augenhöhe, bei der sich die Frau nicht einfach rufen lässt, sondern bei der der Mann (und König!) sich auf den Weg machen muss zu ihr, sich nicht einfach an ihr befriedigt und vergeht, sondern ihr beiwohnt in der Gemeinschaft als verwaiste Eltern. Erst jetzt werden sie ein Paar und bleiben es auch nach dem Tod des Kindes. Das ist keineswegs so selbstverständlich, wie dies weibliche und männliche Ausleger*innen wortlos hinnehmen, ansonsten aber kommentarlos ignorieren.

Eine ungeheuerliche Geschichte, wie ich finde. Abgesehen von allen Umständen und Fragen von Schuld, Reue, Buße und Strafe, abgesehen vom Gottesbild (der Tod des Kindes als Strafe für die Verfehlung des Vaters) werden Trauerreaktionen eines Vaters erzählt, als expressiv und extrovertiert. David richtet sich in allem Tun nach außen. Die Bewegung Batsebas vollzieht sich eher nach innen: Bei ihrem ersten Mann vollzieht sie ganz allein die Trauerriten, trauert einsam, unbeeinträchtigt von allen sonstigen Umständen. Beim zweiten Mal, bei der Trauer um ihr Kind, wird sie in ihrem Haus getröstet, in ihren eigenen vier Wänden, aber nicht mehr für sich allein. Im Beischlaf kommen die Trauernden als Tröstende und Trostbedürftige zusammen. Beide trauern, aber sie trauern auf unterschiedliche Weise.

Vorsicht vor Gender-Stereotypien
Dass Männer – Väter – und Frauen – Mütter – beim Tod ihres Kindes unterschiedlich trauern, muss nicht automatisch genderspezifisch sein. Es ist wohl eher angebracht, dies in Zusammenhang mit der jeweiligen Person und ihrem subjektiven Erleben zu denken. Zwar deutet manches darauf hin, dass es erkennbare und belegbare Unterschiede in den Trauerreaktionen von Müttern und Vätern gibt (dazu gleich mehr), aber es besteht immer die Gefahr

eines geschlechtsspezifischen »Vorurteils«: Dann trauern Männer (mehrheitlich) nicht nur anders als Frauen, sondern sie sollen es sogar, es wird von ihnen erwartet und am Ende erwarten sie es auch von sich selbst. Es wird zu einem Druck, sich den Erwartungen entsprechend zu verhalten.

Ich durfte vor mehreren Jahren einmal an einem Workshop von Dr. Kenneth Doka, einer Koryphäe der nordamerikanischen Trauerforschung und Trauerbegleitung, teilnehmen, die den bezeichnenden Titel eines seiner Bücher trug: »Männer weinen nicht, Frauen schon. Geschlechtspezifische Stereotypen überwinden« *(Men Don't Cry, Women Do: Transcending Gender Stereotypes of Grief)*. Es ist mir unvergesslich, wie Doka von Frauen erzählte, deren Trauer so gar nicht den Erwartungen an typisch weibliches Verhalten entsprach. Doka erzählte von Frauen, die lieber Holz hacken gingen (was in Kanada, wo der Kongress stattfand, vielleicht nicht ganz so außergewöhnlich ist), als auch nur eine Träne öffentlich zu zeigen oder gar mit einem anderen Menschen zu reden. Ich musste an meine Mutter denken, die es genau so gemacht hätte – und dennoch eine ausgesprochen feminine Erscheinung ist. Doka wusste auch von Männern zu berichten, die sich fürchterlich schämten, weil sie sehr empfindsam waren und ein starkes Bedürfnis hatten, über ihre Trauer zu sprechen. Dass Männer alles mit sich selbst ausmachen, hält Doka für eine der üblichen Stereotypien, die häufig Resultat kultureller Prägung und normativer Idealisierung sind. Es gibt Männer und Frauen, die ihre Trauer eher affektiv erleben und ausleben, genauso gut aber auch Frauen und Männer, die eher rational damit umgehen oder pragmatisch und wortkarg reagieren; es gibt bei Frauen und Männern introvertierte und expressive Trauerreaktionen.

Fritz Riemann hat seine Typenlehre auch nicht auf Geschlechter verteilt. Warum also sollte es typisch weibliche und männliche Trauer geben? Kenneth Doka jedenfalls forderte die Teilnehmer an seinem Workshop auf, sich ihrer eigenen »weiblichen« und »männlichen« Anteile bewusst zu werden, sie dann ganz bewusst von der Kategorisierung »männlich/weiblich« zu befreien und stattdessen als Merkmale der eigenen Persönlichkeit anzunehmen. Diese Mahnung soll auch hier alles, was im Folgenden aus der Literatur berichtet wird, mit einem Warnsignal versehen: Vorsicht vor Stereotypen, insbesondere vor geschlechtsspezifischen Stereotypen!

Auch wenn es nur wenige Untersuchungen zu Veränderungen von Sexualität, Intimität und Partnerschaft bei verwaisten Eltern gibt, lassen diese doch auf unterschiedliche Reaktionsmuster schließen – und zwar sowohl die nordamerikanischen als auch die europäischen Forschungsergebnisse. Trotzdem ist immer zu beachten, dass nur, weil eine Mehrheit von Müttern auf Fragen in Fragebögen ähnlich antwortet, nicht alle Mütter so denken und handeln müssen wie die Mehrheit. Wo eine Mehrheit ist, hat immer auch eine Minderheit Platz. Gleiches gilt für Väter.

Veränderte Paarbeziehungen – Studienergebnisse und ein Filmbeispiel

In Norwegen wurden alle Mitglieder (n = 1027) der zwei landesweiten Verbände verwaister Eltern im Rahmen einer großen Fragebogenstudie eingeladen, davon zu berichten, wie der Tod ihres Kindes sich auf ihre Sexualität, Zärtlichkeit, Zufriedenheit mit ihrer Partnerschaft und ihr Gefühlsleben ausgewirkt habe (Dyregrov u. Gjestad, 2011). Nicht alle Mitglieder von Selbsthilfe-Organisationen sind Betroffene, und nicht alle Befragten können etwas mit Forschung anfangen. Dennoch: Ein Drittel der Fragebögen (n = 321) kam ausgefüllt zurück. Der Tod des Kindes lag bei manchen der Befragten noch in relativ junger Vergangenheit (2 Monate), bei anderen lag er weit zurück – bis zu 28 Jahre (Mittelwert 73 Monate). Die betrauerten Kinder waren im Zeitraum zwischen Geburt und einem Alter von 17 Jahren gestorben. Zur Auswertung wurden nur diejenigen Bögen herangezogen, bei denen die Befragten angegeben hatten, mit dem Vater oder der Mutter des verstorbenen Kindes in häuslicher Gemeinschaft zusammenzuleben oder gelebt zu haben. Insgesamt wurden damit die Angaben von 169 Frauen und 116 Männern (n = 285) ausgewertet. Die Frauen waren im Mittel 37,6 Jahre alt, die Männer 39,6. Die Paare waren im Schnitt knapp über 14 Jahre zusammen; etwas mehr als die Hälfte (53,5 Prozent) lebte in Städten. Es ist eine der ganz wenigen Untersuchungen in einer landesweiten europäischen Gruppe zum Themenfeld. Die Ergebnisse bestätigen aber weitgehend das, was auch nordamerikanische Forscherinnen und Forscher berichten und was Ausgangspunkt der norwegischen Untersuchung war.

Einer der Ausgangspunkte war, dass amerikanische Forscher*innen einen Zusammenhang zwischen der Abnahme sexueller Zufriedenheit und dem erhöhten Risiko einer Auflösung der Paarbeziehung von Eltern nach dem Tod eines Kindes erkannten. Eine andere Forschungsfrage galt den Veränderungen von Bedürfnissen: So hatten US-Interviews mit 24 Paaren gezeigt, dass über die Hälfte der Frauen und knapp die Hälfte der Männer von ernsthaften Problemen in ihrer Sexualität sprachen. Fast alle Paare berichteten – im Gegensatz zur geschilderten biblischen Erzählung –, dass sie unmittelbar nach dem Tod ihres Kindes jeglichen Geschlechtsverkehr eingestellt hätten (die Zeitdauer war kürzer bei einem lange vorbereiteten Tod, deutlich länger bei gänzlich unvorbereitetem Tod des Kindes). Gerade dann, wenn sexuelles Verlangen abnahm, bestand aber ein erhöhtes Bedürfnis nach körperlicher Nähe. Diesem Ergebnis ging das norwegische Forschungsprojekt genauer nach und konnte zeigen, dass Väter und Mütter hier sehr unterschiedlich und Unterschiedliches erleben.

In Norwegen gaben drei Viertel aller Mütter und mehr als die Hälfte der Väter an, dass der Tod ihres Kindes sich auf ihr Sexualleben auswirkte. Nach dem anfänglichen Einbruch sexueller Aktivität kehrte ein Viertel beider Geschlechter zum Status quo ante zurück. Frauen berichteten allerdings, dass sie beim Geschlechtsverkehr häufig störende Bilder, Gedanken und Gefühle erlebten.

21,2 Prozent der Mütter berichteten von einer Zunahme von Geschlechtsverkehr verbunden mit dem Wunsch nach einer neuerlichen Schwangerschaft (Männer: 12,6 Prozent). Auch dies ist offenbar ein belegbares Phänomen. In seinem bereits zitierten Tagebuch eines trauernden Mannes »17 Jahre wir« berichtet Martin Kreuels von einer Fehlgeburt, die seine Frau Heike und er erleben mussten und die zum Verlust der bislang erlebten Leichtigkeit auch in der Sexualität führte. Aus seiner Sicht setzte der Tod im dritten Schwangerschaftsmonat seine Frau sehr unter den Druck, nochmals schwanger zu werden und ein Kind gesund zur Welt zu bringen. Von ihrem Ehemann erwartete sie, dass er sich dem »Projekt Kind« mit gleichem Enthusiasmus verschreiben würde. Geschlechtsverkehr wurde Mittel zum Zweck. Die nächste Schwangerschaft verlief glücklich und führte zur Geburt, doch danach gab es eine weitere Fehlgeburt. Kreuels schreibt: »Heike war am Boden zerstört. Wieder hatte sie das Kind in den ersten drei Monaten verloren. Sie fiel in ein tiefes Loch, aus dem sie erst Monate später wieder mühsam hervorkroch. Sie schaffte dies ohne meine Hilfe. Auch das habe ich nicht wirklich wahrgenommen. Hilfe wäre damals sicherlich nötig gewesen, wir, ich haben versäumt [sie in Anspruch zu nehmen – T. R.]. Sie redete nicht, erzählte mir ihre Sorgen nicht« (Kreuels, 2012, S. 22).

Die norwegische Untersuchung bringt noch weitere Einblicke. Auf manche der Fragen gaben die Eltern ausführliche Antworten, etwa zu ihren Gefühlen von Scham, Schuld oder dem Verlust von Selbstwert. Eine Frau sagte: »Hatte so etwas wie ein schlechtes Gewissen während der ersten Male […] dass wir das tun konnten, statt an sie zu denken. Das ist jetzt vorbei« (Dyregrov u. Gjestad, 2011, S. 298). Manche Frauen schilderten Gefühle, es nicht wert zu sein, sich gut, geliebt und glücklich zu fühlen. Eine Mutter sagte: »Es wäre gut gewesen, wenn jemand gleich am Anfang vor diesen Gefühlen gewarnt hätte – mein Kind ist tot und das ist schrecklich und ich kann mich daran [am Sex] jetzt nicht freuen – dass das ganz normale Gefühle sind, weil ich mich wirklich miserabel gefühlt habe!« (S. 299). Einige Mütter konnten sich an gar nichts freuen oder gönnten sich nichts: als ob sie kein Recht hätten, irgendeine Freude oder ein Glück zu empfinden: »Nein, ich durfte kein Vergnügen am Sex haben, wo doch mein Kind tot war. Ich sollte gar kein Vergnügen an irgendwas haben, denn ich war ein grauenhaftes menschliches Wesen!« (S. 299).

Vor allem Frauen berichteten, dass ihnen rein körperliche Nähe wichtiger wurde, das bloße Beieinanderliegen; die männlichen Partner sahen darin eine Aufforderung oder Einladung zu »mehr«, Missverständnisse blieben nicht aus und führten zu Konflikten. Manche Frauen gaben dem Drängen aber nach, »um ihre Männer zu trösten«.

Von einer solchen Dynamik erzählt in unvergesslicher und schmerzlicher Weise der belgische Film »The Broken Circle« (Originaltitel: *The Broken Circle Breakdown,* 2013) von Felix van Groenningen. Es geht um die Liebe von Elise (Veerle Baetens) und Didier (Johan Heldenbergh) – sie Tätowiererin mit einer ausgeprägten Spiritualität, die christliche und östliche Vorstellungen vereint, er Bluegrass-Musiker mit zunehmend aggressiver agnostischer Einstellung. Die Liebe zur Musik bringt sie zusammen und verbindet sie über den Tod hinaus, aber – um es vorwegzunehmen – als Paar zerbrechen sie, als ihre Tochter Maybelle (Nell Catrysse) an Leukämie stirbt. Der Film zeigt in zwei Szenen, wie sich die Kommunikation zwischen Frau und Mann in ihrer sexuellen Beziehung ausdrückt und vollzieht. Zu Beginn und bis weit in die Phase als kleine Familie hinein erleben die beiden leidenschaftlichen Sex, der die ungebändigte Lebensfreude, die Sinnlichkeit und natürliche Freiheit und zugleich die Entgrenzung des eigenen Ichs durch das Aufgehen im Du in explizite und dennoch diskrete Bilder und Musik fasst. Als Maybelle krank wird und die Behandlungen immer weniger greifen, bilden Elise und Didier noch ein Paar, aber mehr und mehr geht jeder von beiden auf eigene Weise mit Maybelle, ihren Fragen und dem Trost um, den das Kind den Eltern schenkt. Die unterschiedliche Ausprägung von Spiritualität verstärkt die schleichende Trennung, nur die Musik verbindet sie.

Nach dem Tod Maybelles verlieren Didier und Elise den Kontakt zueinander. Sie streiten über Vorstellungen eines Jenseits, an das Elise sich in ihrem Bedürfnis nach Trost klammert, das Didier aber in einer Art antireligiöser Raserei kategorisch ausschließt und abkanzelt. Ein letzter Versuch, einander wenigstens körperlich nahe zu sein, ereignet sich, als die Eltern das Kinderzimmer auflösen und die Wände neu streichen. Sie schlafen miteinander, aber für beide bleibt jeder Trost aus; der Sex scheitert, keiner findet zum andern, selbst körperlich bleibt jeder allein. Einsamer als in diesem Geschlechtsverkehr können sie nicht mehr werden. Es gibt keine Kommunikation mehr, weder verbal noch körperlich, weder geistig noch sinnlich. Sie trennen sich. Am Ende – beim letzten gemeinsamen Auftritt – versagt auch die Musik, als Elise und Didier beim Lied »If I needed you« einander nicht mehr ansehen können und Didier eine Hasstirade gegen jeden Glauben loslässt. Elise bleibt ohne Trost, ohne Partner und ohne Grund zum weiteren Leben.

Sexualität und Intimität als Marker der Verbundenheit
Sexualität markiert die Innigkeit und Verbundenheit von Partnern. In Berührungen, Blicken und Gesten, in der Art und Weise des Sprechens und des Entdeckens gemeinsamer Interessen findet Sexualität ebenso statt wie in der körperlichen Liebe beim Geschlechtsverkehr. Der alte biblische Ausdruck des »gegenseitigen Erkennens« (»Adam erkannte sein Weib«, Genesis 4,1) macht deutlich, dass sich zwei Menschen in der sexuellen Begegnung »nahekommen wie nirgends sonst« (Körtner, 2004) und zugleich in besonderer Weise verletzlich und existenziell entblößt sind. Auf diese besondere Nähe gibt es keine dauerhafte Garantie. Sie kann sich mit jedem Mal der innigen Verbundenheit (nicht nur beim Geschlechtsakt) neu ereignen, sie kann aber auch ausbleiben und verloren gehen. Auch Sexualpartner können einander fremd werden und ihre gemeinsame Sprache verlieren.

Dass zu dieser gemeinsamen Sprache auch die Möglichkeit einer gemeinsam gepflegten Spiritualität gehört, sei nur am Rande vermerkt. Dass in vielen Religionen der Beginn einer auch öffentlich gezeigten Partnerschaft mit einem Segensritual markiert und begangen wird, hat hier seinen Sinn: Das Paar stellt sich in den Kontext einer religiösen Tradition, ohne zu verlangen, dass beide Partner gleichermaßen sich zu dieser Tradition bekennen müssen. Die religiöse Zeremonie bildet dennoch einen zentralen Bezugspunkt der Erinnerungen, festgehalten in Fotos und auf Videos, in Fotoalben und im virtuellen Ewigkeitsraum des Internet. Der empfangene Segen gilt dabei nicht in erster Linie dem »schönsten

Tag im Leben«, sondern muss sich vor allem dann erweisen, wenn gute und schlechte Zeiten die Verlässlichkeit des Segens testen. Bei den religiösen Zeremonien aus Anlass einer Eheschließung wird in vielen Traditionen Sexualität in ihrem ganzen breiten Spektrum positiv gewürdigt und gesegnet. Religiosität und Sexualität bilden keine Gegensätze.

Auch wenn Partner unterschiedliche Glaubensvorstellungen und -praktiken haben, aus verschiedenen Traditionen kommen oder sich spirituell auseinanderentwickeln, bildet der Respekt für Glauben und Einstellung des anderen eine wichtige Basis. Rituale, an denen beide Partner aktiv teilnehmen oder teilhaben können, sind dabei von Anfang an wichtig. Sie können zu wichtigen Ressourcen werden gerade dann, wenn das gemeinsame Reden schwierig wird. So wie etwa in der kirchlichen Trauung Sexualität über Berührungen, den üblich gewordenen Kuss oder die Lesungen in positiver Weise integriert und nicht ausschließlich auf Fruchtbarkeit hin gedeutet wird, so kann auch die Sexualität rituelle Aspekte mit umfassen: Das Herstellen einer besonderen Atmosphäre, das Inszenieren und der Schutz von Intimität sind etwas Geheimnisvolles. Die Sprache der Rituale ist eine, die auf vielen Ebenen funktioniert, nicht nur einer kognitiven oder verbalen, sondern auch einer körperlich-szenischen.

Forschungen bei Eltern, deren Kind gestorben ist, zeigen, dass die Möglichkeit und Gefahr einer Entfremdung durch den Tod eines Kindes besteht und dass sich dies insbesondere im Bereich Sexualität zeigt (vgl. die Darstellung der Literatur bei Lang u. Gottlieb, 1993). Zahlreiche Ratgeber und auch Ergebnisse der Trauerforschung bei Paaren, deren Kind auf der Neonatologie stirbt (Wermuth, 2010), machen darauf aufmerksam, dass die Chance einer Trennung erhöht ist.

Gerade im Blick auf die Paarbeziehung ist es wichtig, Sexualität in der ganzen Bedeutung des Feldes zu verstehen. In einer Studie in Montreal (Lang u. Gottlieb, 1993) konnte gezeigt werden, dass auch bei Vätern der Verlust an Intimität und emotionaler Nähe korreliert mit erhöhten Schuldgefühlen, Empfindungen von Sinnlosigkeit und Isolation. Väter, die explizit einen Verlust an sexueller Nähe angaben, berichteten von einem Gefühl der Stigmatisierung und verringertem Selbstbewusstsein im Gegenüber zur Partnerin (Lang u. Gottlieb, 1993). Die Untersuchung, die ausschließlich Frauen und Männer befragt hatte, die noch als Paar zusammen waren, zeigte, dass dort, wo über eine Trennung nachgedacht worden war, gerade die Männer mehr Wut, heftige Sehnsucht nach dem verstorbenen Kind und eine Empfindung von Stigmatisierung zu erkennen gaben (Lang u. Gottlieb, 1993). Bei Frauen zeigte sich, dass ausgeprägte Sehnsucht nach dem verstorbenen Kind mit häufigerem Geschlechtsverkehr korrelierte, ein Ergebnis, für das die Autoren zwei alternative Erklärungen anbieten: Entweder die körperliche Vereinigung stillt ein Bedürfnis, eine Leerstelle zu füllen, oder aber die körperliche Erfahrung wirkt wie ein Trigger, der das intensive Sehnen geradezu auslöst. In der Sexualität würde dann der Schmerz in besonderer Weise deutlich und erfahrbar: Auch wenn es weh tut, immerhin spürt man überhaupt etwas.

Tipp für Begleiter*innen
Häufig besteht eine Inkongruenz zwischen den Bedürfnissen und Verhaltensweisen der Partner*innen, die die Paarbeziehung insgesamt beeinträchtigt. Dazu gehören die Erfahrungen gedanklicher/intellektueller, emotionaler und körperlicher, aber auch sexueller Nähe. Gerade wo eine dieser Komponenten beeinträchtigt ist oder wo der eine Partner eine bestimmte Form der Nähe sucht, die der andere Partner im Moment gar nicht gebrauchen kann, scheint dies eine Infragestellung der Partnerschaft zu signalisieren. Es ist also in der Beratung wichtig, alle Ebenen der Paarbeziehung im Blick zu haben und gegebenenfalls auch mit abzufragen.

Impulsfragen dabei könnten sein:
- Wie würden Sie die Verbindung zu Ihrer Partnerin/Ihrem Partner aktuell beschreiben?
- Was hat sich im Vergleich zu früher verändert?
- Wonach sehnen Sie sich – im Blick auf Ihre Partnerin/Ihren Partner am meisten?

- Wie empfinden Sie Nähe zu Ihrer Partnerin/Ihrem Partner?
- Fühlen Sie sich aktuell begehrenswert?
- Können Sie miteinander über Ihre Befindlichkeit kommunizieren, mit und ohne Worte?
- Wie gehen Sie damit um, wenn Ihr Partner/Ihre Partnerin etwas von Ihnen will und einfordert, das Sie im Moment überhaupt nicht haben oder geben wollen?
- Berührt es Ihre Trauerempfindungen, wenn Sie miteinander schlafen?

Am wichtigsten scheint es aber, in der Trauerbegleitung bei verwaisten Eltern immer die Paarbeziehung mit im Blick zu haben, sowohl bei Müttern als auch bei Vätern, und das auch dann, wenn diese nicht mehr besteht. Gerade dort, wo die Beziehung instabil geworden ist oder beendet wurde, können Hinweise auf erschwerte Trauer vorliegen. Wenn nur einer der beiden Elternteile zur Trauerberatung kommt, ist es wichtig, den nicht anwesenden Partner nicht aus dem Blick zu verlieren. Es bedarf auf Seiten der Trauerbegleiter gerade beim Tod eines Kindes – egal in welchem Alter, egal ob früh oder spät in der Schwangerschaft, egal ob nach plötzlichem oder vorhersehbarem Tod – eines Verständnisses davon, dass die Trauer eng mit der Erfahrung und Gestaltung von Sexualität zusammenhängt. Die Trauernden werden dies nicht selten aus Scham oder Schuldgefühlen nicht aktiv in das Gespräch einbringen.

In dem ausgesprochen einfühlsamen Band »Kostbare Zeit« von Bargenda, Lammer und Terjung (2013), in dem Eltern in bewegenden autobiografischen Aufzeichnungen von ihrem Erleben und Leben nach dem Tod ihres Kindes erzählen – manchmal gemeinsam, meist jeder Elternteil für sich allein –, wird die Paarbeziehung, oder präziser: »mein Mann« oder »meine Frau«, häufig als dasjenige beschrieben, was am meisten geholfen hat. Keiner der Beiträge kommt dabei explizit auf Zärtlichkeit, Nähe und Sexualität zu sprechen. Kerstin Lammer bestätigte mir im Gespräch, dass dies in keinem der vorliegenden Berichte von Frauen und Männern begegnet sei. Dies lässt aber meines Erachtens – und nach

Einblick in die leider sehr begrenzte Forschungsliteratur – nicht darauf schließen, dass Sexualität keine Rolle spiele. Im Gegenteil: Es liegt an den Berater*innen, ob und wie sie für diese Ebene des Erlebens und Lebens aufmerksam sind und die Klientinnen und Klienten darauf aufmerksam machen – auch für das Ungesagte oder das, was zwischen den Zeilen steht.

Fremdsprachen – Jugendliche zwischen Trauer und Selbstfindung (von Moritz Emmelmann)

Jugendliche trauern anders. Sie sprechen eine andere Sprache, drücken sich in eigenen Medien und Foren aus. Sie finden eigene Kunstformen. Moritz Emmelmann, ein talentierter Theologiestudent und Mitarbeiter am Seminar für Praktische Theologie und Religionspädagogik in Münster, hat mich während der Recherche für dieses Buch auf einen autobiografischen Comic von Alison Bechdel aufmerksam gemacht, der Einblick gibt in die Erfahrungswelt einer jungen Frau, die gerade begonnen hat, ihre eigene sexuelle Identität zu finden, als ihr Vater stirbt. Auch wenn Bechdel zum Zeitpunkt der Veröffentlichung bereits Anfang vierzig war, stützt sie sich doch auf die Tagebücher ihrer Jugend. Ich habe Moritz Emmelmann gebeten, mir seine Beobachtungen zur Verfügung zu stellen.

»Our paths crossed, but we did not meet.« – Trauer und Sexualität in Alison Bechdels »Fun Home« (2006)

Berührung oder Distanz, Sprechen oder Schweigen, Wahrheit oder Fiktion – das Leben mit und zwischen diesen Polen ist der zentrale Gegenstand der gezeichneten Autobiografie »Fun Home. A Family Tragicomic« der amerikanischen Künstlerin Alison Bechdel (2006). Bechdel verknüpft darin Bild und Text zu einer scharfsinnigen Rekonstruktion ihrer Kindheit und Jugend im kleinstädtischen Amerika der 1960er bis 1980er Jahre. Distanziert und analytisch, aber auch humorvoll und unerschrocken erläutert der zwischen den Einzelbildern des Comics eingeflochtene Erzählkommentar die gezeichneten Episoden. Dabei stehen zwei Aspekte besonders im Fokus der Autorin. Zum einen erarbeitet sie rückblickend die sexuelle Reifung der jungen Alison zur lesbischen Studentin. Zum anderen versucht sie, erzählerisch die Trauer um ihren Vater Bruce zu ergründen, der wenige Monate nach Alisons Coming-out bei einem Verkehrsunfall stirbt, welchen diese als Suizid auffasst. Alisons Trauer ist eng verwoben mit der Frage nach sexueller Identität und Erfahrungen des Begehrens, denn erst kurz vor dem Tod des Vaters wird sie in das Geheimnis ihrer Eltern eingeweiht, dass ihr Vater selbst schwul ist und verborgen hinter einer idyllischen Familienfassade Affären hatte. Ihre Beziehung zum Vater, den sie als unnahbar, verschlossen und zuweilen bitter erlebt hatte, aber auch ihre Emanzipation vom Elternhaus sieht Alison so in neuem Licht.

Die Erzählstränge von Trauer, Beziehungsrückschau und Sexualität sind in Bechdels Autobiografie derart miteinander verschränkt, dass es der Erzählerin Alison gelingt, in die Auseinandersetzung mit dem Andenken ihres Vaters nicht ausschließlich aus der limitierten Rolle der Tochter heraus einzutreten, sondern auch als individuierte Person, deren Identität eine sexuelle Dimension unaufgebbar umfasst. Alisons Erzählung ist gekennzeichnet von Unabgeschlossenheit und einander widersprechenden Interpretationsmöglichkeiten. Dennoch gibt sie der Trauer produktiv Ausdruck, macht die verworrene Beziehung zu Bruce nachträglich begreifbar und ermöglicht ein Leben mit dem Erfahrenen.

»Fun Home« beginnt mit einer detailreichen Einführung in das Familienleben der Bechdels, das der Vater trotz einzelner sanfter Momente mit Perfektionismus und unnachgiebigem Gestaltungswillen grob dominiert. Erst am Schluss dieser Vorstellung erwähnt die Erzählerin in typisch beiläufiger Weise die für den weiteren Erzählverlauf entscheidende Information, ihr Vater sei durch Suizid gestorben. Die Erfahrung der nun dauerhaften Abwesenheit ihres Vaters wird der zu diesem Zeitpunkt 19-jährigen Alison zum Anlass, auch ihre kindliche Wahrnehmung seiner Präsenz neu und rekonstruierend zu deuten – sie beschreibt ihre Empfindungen rückblickend als einen umgekehrten Phantomschmerz (vgl. Bechdel, 2006, S. 23). Ihr Vater war leiblich anwesend, mit allen Sinnen wahrnehmbar, seine Arbeit und seine Handlungen unübersehbar und doch schmerzte es sie schon damals, als sei er bereits fort.

Von entscheidender Bedeutung für die Rekonstruktion der konfliktreichen Vater-Tochter-Beziehung und die damit verknüpfte Wahrnehmung der eigenen Sexualität ist der massive Rückgriff auf Literatur als Grundlage für einen rationalen Zugang zu verworrenen Situationen und Handlungen. Sowohl Bruce als auch Alison sind »*bookish*« (S. 74), also versessen auf Bücher, und beide verwenden die beispielhaften Schicksale und Beziehungen, die ihnen aus der Literatur bekannt sind, um sich selbst zu erklären und möglichst kohärente Selbsterzählungen zu schaffen. »Fun Home« ist darum durchwirkt mit literarischen Verweisen, anhand derer Alison unter anderem die Entdeckung und Erkundung ihrer sexuellen Orientierung, die Arbeitswut ihres Vaters, seine Verschwiegenheit über sein eigenes Begehren und seine Beweggründe für den Suizid reflektiert. Bruce verwendet das Überblenden von literarischer Fiktion in Realität und Selbstdarstellung vor allem dazu, Wahrheit zu verschleiern und sich selbst für andere unzugänglich zu machen. Für seine Tochter hingegen ist die Begegnung mit sehr verschiedenartigen Texten, die sexuelles Begehren als Konstituente von Personalität anerkennen und Alison so eine Sprache für ihre Empfindungen geben, der entscheidende Anstoß zu einem wahrhaftigeren Selbstverhältnis. Das darauffolgende Bekenntnis zu ihrer Liebe zu Frauen schildert Alison als die Befreiung von einer Lüge – eine Befreiung, die ihr Vater Zeit seines Lebens nie erfahren hatte. So kann sie mit Blick auf die zeitliche Nähe ihres Coming-out zum Tod ihres Vaters resümierend sagen: »[…] das Ende seiner Lüge fiel zusammen mit dem Beginn meiner Wahrheit« (S. 117).

Mit der späten Offenlegung der im Verborgenen ausgelebten Homosexualität ihres Vaters erhält Alisons Selbsterzählung eine Wendung, die sie verblüfft und sprachlos zurücklässt. Die plötzlich aufgedeckte Gemeinsamkeit gleichgeschlechtlicher Liebe bindet sie zurück an ihren Vater, anstatt ihre Eigenständigkeit zu bekräf-

Fremdsprachen – Jugendliche zwischen Trauer und Selbstfindung

Aus: Alison Bechdel: Fun home. Eine Familie von Gezeichneten. S. 52.
Aus dem amerikanischen Englisch von Sabine Küchler und Denis Scheck.
© 2008, Verlag Kiepenheuer & Witsch GmbH & Co. KG, Köln/Germany.

tigen. Der Erzählerin drängt sich so die Nachforschung nach einer »Genealogie des Begehrens« (Watson, 2008) auf: Hat ihre sexuelle Orientierung in irgendeiner Weise mit derjenigen ihres Vaters zu tun? Rückblickend stellt Bechdel in »Fun Home« zumindest ihren kindlichen Wunsch nach Jungenkleidung, nach maskulinem Auftreten und ihre Abneigung gegen Dekor als eine direkte Reaktion gegen die zur Schau gestellte Eleganz, die femininen Züge und die Detailversessenheit ihres Vaters dar.

Indem der Tod ihres Vaters Alison zurück in den »Orbit« (Bechdel, 2006, S. 59) familiärer Beziehungen zieht, werden ihr jedoch noch weitere mögliche Abstammungslinien und persönlichkeitsrelevante Genealogien nahegelegt und sie erkundet sie ausgiebig: Wie verhalten sich Bruces ästhetische und literarische Vorlieben zu denen der professionell kunstschaffenden Tochter? Die Positionen Alisons und ihres Vaters zu den eingangs genannten Begriffspaaren von Berührung und Distanz, Sprechen und Schweigen, Wahrheit und Fiktion verhandelt »Fun Home« kunstvoll anhand dieser und weiterer Themenkomplexe, die elementar sind für Alisons Bemühen, als vollumfängliche Person den Erinnerungen an Bruce und der Trauer um ihn entgegenzutreten. Der Aspekt der Sexualität steht dabei keineswegs allein, doch hinter die in der Bejahung ihrer sexuellen Identität erlangte Individuation und Emanzipation kann Alison nicht zurückgehen, ohne sich selbst eines Teils ihrer Selbsterzählung und des Lohnes ihrer Erinnerungsarbeit zu berauben.

Zwar tauschen Vater und Tochter noch einige Briefe aus, die distanziert die Risiken und Chancen eines offenen Bekenntnisses zur Homosexualität im Amerika der 1950er beziehungsweise 1980er Jahre verhandeln, doch Versuche zu einem persönlichen Gespräch über die verworrenen Parallelen finden stets ein abruptes Ende. Alison führt dies auf die tiefe Scham ihres Vaters zurück. Dem Impuls, ihn für sein »unheroisches« (S. 211) Verhalten zu verurteilen, widersteht sie, indem sie selbstkritisch fragt, ob sie selbst im weniger liberalen Klima während der Jugendzeit ihres Vaters oder später als Elternteil einer nach außen hin traditionellen Familie den Mut aufgebracht hätte, ihre Homosexualität öffentlich zu bekräftigen. So münden die

Fremdsprachen – Jugendliche zwischen Trauer und Selbstfindung

ANNEHMEN KÖNNTE MAN AUCH, DASS WER SEINE KINDHEIT AUF DU UND DU MIT DEM TOD VERBRINGT, AUF ALLES GEFASST SEI.

DEMNACH WÄRE MAN BEIM TOD EINES NAHESTEHENDEN IM VORTEIL. MAN KÖNNTE EIN, ZWEI PHASEN DER TRAUERARBEIT, DAS "VERLEUGNEN" ODER DIE "WUT", GLATT ÜBERSPRINGEN –

IN WAHRHEIT LIESSEN ALL DIE JAHRE MIT SPIEL UND SPASS IM INSTITUT, DER WETTRENNEN MIT SARGKARREN, DES GEFLACHSES MIT TOTENGRÄBERN UND STEINMETZEN DEN TOD MEINES VATERS NUR NOCH UNFASSBARER ERSCHEINEN.

Aus: Alison Bechdel: Fun home. Eine Familie von Gezeichneten. S. 56.
Aus dem amerikanischen Englisch von Sabine Küchler und Denis Scheck.
© 2008, Verlag Kiepenheuer & Witsch GmbH & Co. KG, Köln/Germany.

Erfahrungen und Gedankengänge, die sie womöglich mit ihrem Vater gemein hat, nicht in eine beziehungsstiftende Begegnung – die Beherzigung der sexuellen Dimension ihrer Identität erweist sich nicht als ein wunderwirkender Schlüssel zu einer gänzlich befriedeten Trauer. Alisons Vorstöße in diesen Komplex verharren unter dem Vorbehalt der Projektion und Spekulation, ihr Vater bestätigt oder verwirft sie nicht. Poetischer fasst es die Stimme der Erzählerin zusammen: »Unsere Wege kreuzten sich, aber wir trafen uns nicht« (S. 211).

»Oh, and my father died!«
Alison Bechdels Autobiografie ist bestimmt von Erinnerungsarbeit anhand von Tagebüchern, Fotografien, Briefen und anderen Dokumenten. Einen gewichtigen Teil dieser Anstrengungen bilden Anerkennung, Reflexion und besorgte Hinterfragung der Trauer Alisons um ihren Vater. Aufgewachsen in engem Kontakt zum Bestattungsunternehmen ihres Vaters, das in der Familie »fun home« statt »funeral home« genannt wird, haben sich Alison und ihre Geschwister eine nonchalante Umgangsweise mit Friedhöfen, den Prozeduren der Bestattung, den Beileidsfloskeln und den Emotionen der Trauergemeinden angewöhnt. In demselben Abschiedsraum, in dem sie ihrem Vater bei Vorbereitungen geholfen, aber auch mit ihren Brüdern gespielt hatte, fühlt sich Alison bei der Trauerfeier für Bruce emotionslos und voller Unverständnis für die Situation. Ihre Hoffnung, die jahrelange implizite Auseinandersetzung mit den Formalitäten des Abschiednehmens würde es ihr erlauben, schneller und weniger erschüttert durch eine persönliche Verlusterfahrung hindurchzugehen, wird enttäuscht.

Während der Tod ihres Vaters dessen Lebensgeschichte abschließt, bürdet er der Tochter die Aufgabe auf, sie in Worte zu fassen und innerhalb ihrer eigenen, offenen Geschichte zu erzählen. Diese Zumutung des Todes erscheint Alison »absurd« (S. 47) und »lächerlich« (S. 227) – doch sie erzählt die Geschichte trotzdem. Das Buch, das von dieser Anstrengung zeugt, ist unabgeschlossen, vorläufig und, wie die Erzählerin an vielen Stellen reflektiert vorträgt, auf Vermutungen über die Motive und Empfindungen ihres

Vaters angewiesen. Nichtsdestotrotz ist »Fun Home« das sichtbare Zeichen einer erfolgreichen Wiedergewinnung von Sprachfähigkeit angesichts eines tief einschneidenden Verlustes.

»Sexual shame is in itself a kind of death«
Mögliche direkte Auswirkungen einer Begegnung mit dem Tod auf Sexualität und Lust werden in »Fun Home« an fast keiner Stelle angesprochen. Lediglich in einer spitzzüngigen Randbemerkung erklärt die Erzählerin Suizid pauschal zu einem potenten »Anaphrodisiakum« (S. 208), lässt sich jedoch an dieser Stelle auf keine Reflexion zu ihrem Vater ein. Vielmehr zeugt Bechdels Autobiografie vom Wert und auch von den Grenzen der Anerkennung einer sexuellen Dimension in der narrativen Identität einer trauernden Person für die Auseinandersetzung mit einer zurückliegenden Beziehung, in diesem Fall mit einer familiären.

Zu den vielen ungefähren, nur annäherungsweise benennbaren Verbindungen von Tod und Sexualität, denen Bechdel in diesem Werk nachgeht, gesellt sich ganz am Ende der Autobiografie noch eine weitere Einsicht, die mit allem Nachdruck und ganz ohne Vorbehalte vorgetragen wird: Das Schweigen und das verschämte Verleugnen der eigenen »sexuellen Wahrheit« summiere sich zu einer Verneinung des Lebens und zu einer Art innerlichem Tod, »*Sexual shame is in itself a form of death*« (S. 228). Aus dieser Stille, die sich selbst das Leben versagt, herausgetreten zu sein, ist Alisons großes Glück und ein Verdienst ihrer mutigen Selbsterzählung, bei der sie sich über verschlungene Pfade auch auf die Lebensgeschichte ihres Vaters stützen kann.

Fallbeispiele Sexualität und Trauer

Es müssen nicht immer große Dramen sein. In den folgenden kleinen Alltagsszenen, denen allesamt konkrete Erfahrungen zugrunde liegen, sind Aspekte von Trauer, Sexualität und Sinnlichkeit eng miteinander verknüpft. Es sind Geschichten von Unsicherheit und

Ambivalenz, die die Leser*innen dazu einladen, nach Resonanzen in ihrer eigenen Erfahrungs- und Beratungswelt zu suchen.

Fallgeschichte 1: Die »Neue« des Vaters
Eine Frau mittleren Alters wendet sich an eine Beraterin: Ihr verwitweter Vater wolle wieder heiraten. Zwei Jahre sind seit dem Tod der Mutter vergangen. Seine Freundin (die Frau scheut sich »Braut« oder »seine neue Frau« zu sagen) sei »wesentlich jünger«. Daraufhin hätten sie und ihre Schwester den Kontakt abgebrochen. Nun aber plage sie das Gewissen: »Aber irgendwie bin ich auch unsicher: Sollte ich meinem Vater sein spätes Glück nicht gönnen?!« Freunde würden sie hart kritisieren: »Dein Vater hat auch ein Recht darauf, wieder Glück und Zweisamkeit zu erleben. Ich finde es ehrlich gesagt ziemlich unfair und kindlich trotzig.« Sie fürchtet gar, man könne ihr finanzielle Gründe vorwerfen: »Geht es in Wirklichkeit um das Erbe?« Nur wenige Freunde hätten Verständnis für ihr Verhalten.

Die junge Frau fühlt sich hin- und hergerissen. Sind zwei Jahre genug der Trauer? Heißt das Eingehen einer neuen Ehe, dass er nicht mehr trauert? Worum trauert sie selbst – um ihre Mutter oder um die Dyade Mutter und Vater, die ja durch den Tod nicht beendet sein muss? Die Dauer der Trauer ist vielleicht nur auf den ersten Blick das Problem. Vielleicht hat sie ja auch Angst, dass die Schwestern den Vater in ihrer Gemeinschaft der Trauernden verlieren? Nicht zuletzt fällt es ihr schwer, sich vorzustellen, dass der Vater mit seiner jüngeren neuen Frau etwas lebt, was schon in seiner Beziehung zu ihrer Mutter für sie tabuisiert war.

Fallgeschichte 2: »Ich habe jemanden kennen gelernt«
Ein Witwer, dessen Frau vor vier Monaten verstorben ist, fragt sich, wie er eine Beziehung zu einer neuen Partnerin aufnehmen könne. Zu Lebzeiten seiner Frau hatte er keinerlei Kontakt zu einer anderen, nun aber gefällt ihm eine Frau, die er kürzlich kennen gelernt hat. Ambivalente Gefühle bewegen ihn, auch Glaubensvorstellungen: »Ich glaub' daran, dass, wenn ich sterbe, ich weiter mit meiner

Frau im Himmel leben werde, die Erde ist eine Zwischenreise, ein Test des Lebens.« Wie kann, wie soll er sich auf die neue Bekanntschaft einlassen? Es fällt ihm nicht schwer, mit ihr zu reden – aber sehr schwer ist die Vorstellung, sich von ihr berühren zu lassen oder sie zu berühren. Was es leichter für ihn macht, ist, dass die Bekanntschaft selbst Witwe ist. Er fühlt sich verstanden, auch in seiner Trauer. Aber genau das hemmt nun auch wieder: Sind sie nur gegenseitige Trostpflaster? Wenn man überwiegend von Schmerz und Trauer gezeichnet ist und mehr an den Verstorbenen als an den neuen Partner denken kann, ist das dann noch eine neue Partnerschaft? Auf den Rat von Freunden, abzuwarten, es platonisch zu halten und seine Trauer zu durchleben, bevor er einen anderen Menschen an sich heranlasse oder gar gefährde, reagiert er verunsichert. Er habe keine Zeit zu verschenken und er könne der neuen Bekanntschaft ja auch schlecht sagen, sie solle sich nach einem halben Jahr noch einmal melden.

Fallgeschichte 3: Bin ich nur Platzhalter für den Verstorbenen?
Ein junger homosexueller Mann hat einen Partner, mit dem er sich wunderbar versteht, weil sie viele Ähnlichkeiten haben. Schwierigkeiten bereitet ihm, dass er kein Vertrauen entwickeln kann und Angst hat, die neue Beziehung könne auf tönernen Füßen stehen. Der Expartner des neuen Freundes ist erst im letzten Jahr an einer schweren Krebserkrankung gestorben. Nun fragt er sich, ob er nach dieser kurzen Zeit von einem Jahr nur der »Platzhalter« für den verstorbenen Partner sei beziehungsweise »ein Hilfsmittel«, um über die Trauer hinwegzukommen. Er fragt sich: »Könnte dahinter nicht in der Tat eine Art Verdrängung des Verlustes des ehemaligen Partners stecken?«

Fallgeschichte 4: Sichtbar gezeichnet
Eine Frau mittleren Alters zeigt ihrem Trauerbegleiter eine Tätowierung am linken Arm: ein filigranes Kunstwerk, das sich in Ranken vom Handgelenk an bis hinauf zur Schulter zieht. Kleine Ornamente, Blätter, Kreuze und Herzen zieren die Ranken, um

das Handgelenk ist dann mit kaligrafischen Buchstaben der Name ihres verstorbenen Freundes geschrieben. Der Begleiter bewundert die Arbeit, fragt dann aber doch nach, wie es dazu gekommen sei, schließlich lebt seine Klientin doch eigentlich ganz gutbürgerlich. Ob das mit ihrem Beruf vereinbar sei? Der Name ihres verstorbenen Freundes sei ja sehr sichtbar. Und das ganze müsse doch ziemlich wehgetan haben, schließlich sei das ja ein etwas aufwendigeres Tattoo. »Genau darum ging es!« Sie wollte die Verletzung in ihrer Seele, ihren inneren Schmerz sichtbar machen, vor allem für sich selbst. Und sie hatte Angst, dass sie mit der Zeit die Nähe und Erinnerung an ihren Freund verliere. »Ich will die Trauer wie eine Narbe sichtbar auf meinem Körper zeigen können. Ich will das nie vergessen.«

Fallgeschichte 5: Pflegeschülerin
In einer Einrichtung für betreutes Wohnen kommt eine Pflegeschülerin entsetzt zu einer älteren und erfahrenen Altenpflegerin. Sie habe eben im Zimmer eines relativ neu eingezogenen Bewohners etwas verrichten wollen und sei nach einem kurzen Anklopfen mit ihrem Schlüssel in das Ein-Zimmer-Appartement gegangen. Dort habe sie den Bewohner mit einer anderen Bewohnerin in einer »eindeutigen Situation erwischt«. Sie wisse nicht, wie sie mit dem Bewohner künftig umgehen solle. Dass die Bewohnerin im Bett des Neuen eigentlich mit einem anderen Bewohner zusammen sei, halte sie für eine Sauerei. Die erfahrene Kollegin beruhigt erst einmal und ermahnt die Schülerin aber, auf keinen Fall jemand anderem – auch nicht den Kollegen und Kolleginnen – davon zu erzählen: »Hier wird viel getratscht. Aber das geht niemanden etwas an!« Wie sie mit der Entrüstung der jungen Frau umgehen soll, weiß sie aber auch nicht.

Impulse für Begleitung und Beratung

**Wir überbehutsamen Trauerbegleiter oder:
Die Kunst des »Darüber-Redens«**

Rund dreißig Menschen haben sich in einem kleinen Konferenzzimmer versammelt. Eineinhalb Stunden lang tauschen wir uns aus über Sexualität und Trauer. Wir nennen es einen »Workshop«, weil wir zusammen nachdenken wollen, wie Trauerbegleiterinnen und Trauerbegleiter auf das Thema Sexualität eingehen können.

Am Anfang notieren die Teilnehmer*innen auf einem Blatt Papier, was sie jeweils unter Sexualität verstehen und wie sie das leben. Konzentriert denken sie nach und schreiben auf. Was sie notieren, bleibt bei ihnen, es geht niemanden etwas an. Auch zur Frage, wie Krankheit und Sterben ihre Sexualität verändern oder schon verändert haben (denn auch Begleitende haben eigene entsprechende Erfahrungen), bringen sie ihre Gedanken zu Papier, die bei ihnen selbst bleiben.

Wer darüber nachdenkt, wie er in seiner Arbeit mit anderen Menschen auf Sexualität eingeht, muss sich immer erst einmal bewusst machen, dass er selbst auch ein sexuelles Wesen ist. Es ist wie beim Thema Religion und Glaube: Bevor man andere darauf anspricht, muss man sich selbst befragen, wie man es selbst damit hält, ob man gern darüber nachdenkt oder ob es einem unangenehm ist, in einem Raum voller anderer Menschen sich Gedanken dazu zu machen. Immerhin sind die Stühle im Raum so angeordnet, dass man niemandem direkt in die Augen sehen muss. Aber wer sich zu einem Workshop über Sex anmeldet, dürfte wahrscheinlich nicht zu schnell peinlich berührt sein. Das denke ich mir jedenfalls, als ich die Gesprächsrunde eröffne, diesmal mit der Bitte, sich mit dem Sitznachbarn zu unterhalten: Kommen Sie in Ihrer Tätigkeit mit Klientinnen und Klienten auf die Themen Sexualität und Intimität zu sprechen? Es dauert nicht lange, bis die Teilnehmer in muntere Gespräche vertieft sind. Ich habe einige Mühe, sie wieder um ihre Aufmerksamkeit zu bitten. Denn jetzt will ich wissen, als was sie arbeiten und was sie dazu bringt, sich mit dem Thema auseinanderzusetzen.

Einige sind als Pflegerinnen im ambulanten Hospizdienst unterwegs und kommen in die Häuser und Privatwohnungen von Patienten. Eine Frau arbeitet als Pflegedienstleitung in einem stationären Hospiz. Sie berichtet später davon, dass sie erlebt habe, wie eine Frau zu ihrem eben verstorbenen Ehemann ins Bett geschlüpft sei und noch einmal eine ganze Nacht bei ihm im Zimmer bleiben wollte. Sie erinnere sich noch gut, wie die Kollegen sich gewundert hätten, wie man eine Nacht an der Seite eines Leichnams verbringen könne. Aber eine andere Teilnehmerin, auch sie Pflegerin, berichtet, dass sich auch oft Kinder (auch erwachsene Kinder) noch einmal zur verstorbenen Mutter legen und ein letztes Mal kuscheln wollen und dass daran doch gar nichts wunderlich sei.

Psychoonkologinnen sind ebenfalls im Raum. Eine sagt sogar, sie spreche das Thema Sexualität regelmäßig an, ganz selten komme aber eine Gesprächspartnerin von selbst damit an. Aber auch das sei schon vorgekommen. Ganz anders die beiden (männlichen) Ärzte im Raum, von denen einer im Krankenhaus tätig ist. Er hat keine Erfahrungen mit dem Thema und ist eher aus Neugierde und Zufall zum Workshop gestoßen. Der andere ist ein palliativmedizinisch interessierter Hausarzt und beobachtet, dass das Thema in seiner Betreuung von Menschen wichtig ist. Er spricht aber sehr selten darüber, angesprochen wird er gar nicht. Eine Pfarrerin ist dabei, Seelsorgerin im Krankenhaus und auf einer großen Palliativstation, eine weitere Pfarrerin im Ruhestand, die jetzt als ausgebildete Trauerbegleiterin tätig ist. Sexualität ist schon öfter mal Thema, aber sie warten eigentlich immer eher damit ab, bis einmal jemand von sich aus auf Probleme damit zu sprechen kommt.

Ehrenamtliche Hospizbegleiter sind auch da: solche, die noch in Ausbildung sind und sich für das Themenspektrum öffnen wollen, das ihnen in der Sterbe- und Trauerbegleitung begegnen werde, und solche, die schon lange Erfahrung haben. Sie finden das Thema wichtig, aber auch von ihnen spricht keiner aktiv die Begleiteten darauf an, sie warten ab.

Ich zeige eine Statistik, die eine Münchner Forschungsgruppe im Jahr 2006 in einer Fachzeitschrift für Frauenärzte veröffentlicht hat (Gruchella u. Debus, 2006). Frauen in einem Alter zwischen 50 und 82 Jahren wurden unter anderem danach befragt, wie sexuell aktiv sie sind und ob sie darüber mit anderen Menschen reden. Fast die Hälfte der befragten Frauen spricht mit niemandem über die eigene Sexualität!

Psychologinnen und Gynäkologinnen der Universität München führten Interviews mit über einhundert Frauen, um ihre sexuellen Bedürfnisse jenseits der Menopause herauszufinden. Immerhin verbringen Frauen heute ein Drittel ihrer Lebenszeit jenseits des Wechsels. Dass noch nie in Deutschland untersucht wurde, wie Frauen in dieser Lebensphase ihr Bedürfnis nach Zärtlichkeit, Zuneigung, liebevoller Bestätigung und Sexualität leben und dass die Ergebnisse nun erstmals in einen Zusammenhang mit privaten und gesellschaftlichen Wertvorstellungen, mit Partnerschaft und Biografie gestellt werden, bestätigt den Eindruck, dass die Sexualität von Frauen in höherem Alter – anders als die von Männern – in der Öffentlichkeit lange Zeit keine positive Darstellung erfuhr. Männer können bis ins hohe Alter sexuell aktiv sein, von Frauen erwartet man das nicht. Warum ist das so?

Eine Ursache besteht offenbar darin, dass Frauen kaum über Sexualität reden. Zwar beschreiben sich über die Hälfte aller befragten Frauen als sexuell aktiv (es sind sogar 53,9 Prozent), aber noch nicht einmal 10 Prozent von ihnen sprechen mit ihrem Frauenarzt über Sexualität. Sie finden zu drei Vierteln, dass sie in den besten Jahren oder eine reife Frau sind, und diejenigen, die eine gute seelische Befindlichkeit angeben, empfinden sich auch als äußerlich attraktiv, ja, sie geben sogar an, dass ihr sexuelles Erleben sehr sinnlich sei. Zwischen Sinnlichkeit und Seelenleben besteht für ältere wie für jüngere Frauen eine enge Verbindung. Umso verwunderlicher ist es, dass beinahe die Hälfte (47,1 Prozent) aller befragten Frauen sagt, sie sprächen niemals mit jemand anderem darüber. Weder mit ihrem Partner noch mit einer Freundin oder einer Beraterin. Schon gar nicht mit medizinischen Fachleuten.

Männer haben da auch nicht leichter reden. Eine Untersuchung bei Männern mit Erektionsstörungen hat zu Tage gebracht, dass zwischen dem Zeitpunkt, an dem die Erektionsstörung zum ersten Mal aufgetreten ist, und dem Zeitpunkt, an dem sie zum ersten Mal mit einem Arzt darüber gesprochen haben, im Mittel zwei Jahre vergehen (Casella et al., 2004). Das zeigt, dass es Männern keineswegs leichter fällt, über sexuelle Probleme zu sprechen (Berberich, 2014).

Die Workshop-Gruppe ist erstaunt, wenn nicht gar ein wenig erschüttert. Wenn über die Hälfte aller Frauen nicht gewohnt sind, mit irgendjemandem, noch nicht einmal dem Partner oder der besten Freundin, über ihr Sexleben – mit allem, was dazugehört – zu sprechen, wie sollen sie dann das Thema von sich aus gegenüber professionellen Helfern oder auch ehrenamtlichen Begleitern ansprechen können? Wenn nur jede Zehnte jemals mit der Frauenärztin über ihr sexuelles und sinnlichen Empfinden gesprochen hat, woher sollen die neun anderen dann den Mut nehmen, eine Ärztin, einen Psychologen, eine Hospizschwester oder einen Seelsorger von sich aus mit einem Thema zu konfrontieren, das als schmutzig, egoistisch oder sonst wie unangemessen erscheint? Wie können wir Trauerbegleiter in all unserer Behutsamkeit und oftmals mit einer (ungebetenen) Anerkennung als moralische Instanz damit rechnen, dass die Trauernden von sich aus zu sprechen anfangen werden, wenn es ihnen nur wichtig genug ist? Sexualität ist auch für ältere Frauen sehr wichtig, sagen die Forscherinnen, aber sie sind nicht gewohnt, darüber zu sprechen. Witwen und Witwer tun sich da auch nicht leichter.

Witwer oder Witwe sein heißt – zumindest für einen großen Teil von ihnen –, ohne Partner zu sein. Eine Umfrage aus Deutschland, durchgeführt von Forschenden der Freien Universität Berlin (Schultz-Zehden, 2004) weist nach, dass der Hauptgrund für sexuelle Inaktivität bei Frauen im Alter zwischen 50 und 70 Jahren der Mangel an einem verfügbaren Partner beziehungsweise einer Partnerin ist. Eine repräsentative Stichprobe von 521 Frauen wurde dabei befragt. Der Mangel an einem Partner oder einer Partnerin lässt aber nicht auf ein nicht vorhandenes Interesse an oder Bedürfnis nach sexueller Aktivität schließen. Gerade die untersuchte Altersgruppe gehört ja einer Generation an, in der sich bereits eine positive Einstellung zur Sexualität und Interesse an sexuellen Aktivitäten entwickelt hatte, als eine der wichtigen Auswirkungen der gesellschaftlichen Umbrüche Ende der 1960er Jahre. Es ist auch die Generation, die dank Pille Geschlechtsverkehr ohne Angst vor einer ungewollten Schwangerschaft erleben und gegebenenfalls auch genießen konnte. Diese Einstellung ändert sich wohl nicht, wenn die Lebensmitte überschritten ist.

Die Workshop-Teilnehmer melden sich nun recht aktiv zu Wort. Als ich aus der Studie von Schultz-Zehden Gründe vorstelle, weshalb Frauen in der dritten Lebensphase Angst haben, ihre eigenen Bedürfnisse zu artikulieren oder auszuleben, etwa die Angst, gegen tradierte Rollenvorstellungen zu verstoßen oder sich eigenes weibliches Begehren einzugestehen, bis hin zur Angst vor Zurückweisung, wenn sie sich sexuell sehr aktiv zeigen, meldet sich eine Psychoonkologin: Ob wir hier im Workshop eigentlich nur über die Trauer sprechen würden, wenn schon ein Mensch gestorben sei, oder auch über die Trauer vor dem Tod? Andere nicken mit dem Kopf. Ja, auch das sei wichtig!

Überhaupt sei es wichtig, nicht nur die Sexualität weit zu fassen, sondern auch die Trauer. Trauer beginnt ja schon während der Krankheit und es sie gibt sie bei Paaren sowohl beim Patienten/der Patientin als auch beim Lebenspartner oder der Lebenspartnerin. Die Angst vor Zurückweisung ist dabei einer der Gründe, sich sexuell eher passiv zu verhalten und gleichzeitig Trauer über den Verlust an Nähe zu empfinden. Und widerspricht es nicht auch dem Rollenverständnis von Patienten oder Besuchern im Krankenhaus, wenn sie ihr Krankenzimmer gleichsam »privat« nutzen?

Im Krankenhaus, selbst im Hospiz haben Patienten und Besucher Angst davor, dass das Personal ohne Anklopfen, oder ohne nach dem Anklopfen abzuwarten, die Tür öffnet und ins Zimmer kommt.

Da wird es sehr lebendig. Mehrere der Workshop-Teilnehmer melden sich gleichzeitig: In einem Hospiz bietet man schon »Bitte nicht stören!«-Schilder an, wenn An- und Zugehörige einen Hospizgast besuchen. An anderen Orten hat man das wieder abgeschafft, weil der Hinweis als zu indiskret und mit Scham besetzt empfunden wurde. Man trifft stattdessen Absprachen, dass man für einen bestimmten Zeitraum das Zimmer nicht betritt. »Dann müssen sich aber alle auf Station dran halten«, ergänzen andere.

Eine Teilnehmerin berichtet nicht ohne Schmunzeln, was für einen Aufruhr es in ihrem Altenheim gegeben habe, als eine Pflegeschülerin entsetzt aus einem Zimmer gestürmt sei, weil sie ein Pärchen gerade »erwischt« habe, als sie »im Bett bei der Sache« gewesen seien (siehe oben Fallgeschichte 5). Viel zu wenig würden Pflegeschüler in der Ausbildung auf solche Situationen vorbereitet. Es scheint, dass ein guter Teil der Teilnehmerinnen aus der Pflege von ganz ähnlichen Situationen berichten kann. Die in Ausbildung befindliche Hospizbegleiterin hakt nach: »Und was sagen Sie einer Altenpflegeschülerin, wenn bei der Körperpflege ein Mann eine Erektion bekommt?« Antworten hat keiner im Workshop, aber dass für einen partnerlosen Mann – wie für eine Frau – Pflegemaßnahmen oder die Berührungen während einer physiotherapeutischen Anwendung unter Umständen die einzige körperliche Berührung sind und er oder sie darauf körperlich reagiert, überrascht niemanden wirklich.

Wie es scheint, sprechen Patient*innen oder Klient*innen das Thema Sexualität vielleicht nie an – aber sie sind ansprechbar, und das mitunter in einer als unangenehm empfundenen Weise. Es gehört zu den immer wiederkehrenden Situationen gerade in der Altenpflege und in der Pflege demenzkranker Menschen, dass Bedürfnisse nach Intimität und Nähe gezeigt oder geäußert werden. Umso wichtiger ist es, dass Betreuende darauf vorbereitet werden oder von erfahrenen Berufskollegen und -kolleginnen Unterstützung erhalten, wie sie damit umgehen können. Denn – so äußert eine offenbar erfahrene Workshop-Teilnehmerin – gerade junge Pflegende können sich schlichtweg nicht vorstellen, dass auch alte Menschen Sex haben.

Die oben zitierte (S. 21) Definition der WHO setzt eine positive und respektvolle Haltung gegenüber Sexualität und sexuellen Beziehungen voraus. Das gilt auch für Patienten, Bewohnerinnen in Pflegeeinrichtungen und für Trauernde. Aber auch für Betreuende und Personal der Pflegeberufe gilt, dass ihre eigene Sexualität und ihr Empfinden von Intimität und Scham zu schützen sind vor Übergriffen und Missbrauch. Für viele Menschen, Männer und vor allem Frauen, ist Sexualität mit Erfahrungen von Nötigung verbunden – aktuelle Schätzungen sagen, dass ein Viertel aller Frauen dem ausgesetzt sind. Auch das gilt für Begleitende und für Begleitete gleichermaßen.

Ich weiß nicht, was die Teilnehmer anfangs auf ihre Zettel geschrieben haben, als es darum ging, was sie selbst unter Sexualität verstehen. Ich stelle ihnen vor, was wir in den Interviews mit Krebspatient*innen gelernt haben (siehe S. 14 ff.). Manche berichteten, dass – wenn in ihrer Behandlung Sexualität überhaupt thematisiert wurde – nur nach »funktionalen Störungen« gefragt wurde: Erektionsstörungen, Ejakulationsprobleme, Trockenheit der Scheide, Schmerzen beim Geschlechtsverkehr und so weiter. Das entspricht weder ihrem Verständnis noch ihren primären Bedürfnissen. Begleitung bereits während der Krankheit kann und muss dort ansetzen, wo die Kranken, die Lebens- und Ehepartner sind. Es hilft uns als Begleitern, hören zu lernen auf die Bedürfnisse und das Verständnis der Trauernden.

Die Trauerbegleiter im Raum finden mehr und mehr Beispiele dafür, wie häufig auch ihre Arbeit mit Sexualität und Intimität zu tun hat, wenn sie nicht von ihrem eigenen Verständnis, sondern dem Verständnis der unmittelbar Betroffenen ausgehen. Ein Blick auf die Notizzettel der ersten Runde zeigt, dass dabei durchaus Unterschiede bestehen können. Die Veränderungen beginnen im eigenen Denken. Bei Trauer und Sexualität geht es nicht um Tabu-

brüche, sondern um so etwas wie das Erlernen einer neuen Sichtweise, das Bedenken von Bekanntem aus einer anderen Perspektive.
Die Zeit in unserem Workshop ist zu schnell zu Ende. Eine Aufgabe hatte ich noch vorbereitet, aber die Zeit reicht nicht aus. Ich wollte dazu auffordern, erste Sätze zu formulieren, wie man über Sexualität ins Gespräch kommt. Aber vielleicht gibt es eine Fortsetzung? Wie ins Gespräch kommen? Diese Frage bleibt. Deshalb werden in den folgenden Absätzen Anregungen gegeben, wie man die sexuelle Sprach(un)fähigkeit angehen kann, wie Impulse für ein Gespräch gegeben werden können und wie gerade auch nonverbale Kommunikation verstärkt genutzt werden kann.

Focusing gegen Sprachlosigkeit oder: *felt sense* **gegen** *spoken word* **(von Annina Ligniez)**

»Da unten? Da unten bin ich seit 1953 nicht mehr gewesen. Nein, das hat mit Eisenhower nichts zu tun. Nein, nein, da unten ist ein Keller. Der sehr feucht und modrig ist. [...] Ich kann das nicht erzählen. Ich kann das nicht, mit dir über da unten sprechen. Man weiß nur eins, es ist da« (Ensler, 2000, S. 32). Eve Ensler interviewte rund zweihundert Frauen für ihr Theaterstück »The Vagina Monologues«, das 1996 uraufgeführt wurde, und es gelang ihr, diesen Frauen Raum zu schaffen, doch sprachfähig zu werden. Das Zitat ist ein Auszug aus einem Interview mit einer 75-jährigen Frau. Diese Frau hatte kein »gutes Verhältnis« zu ihrer Vagina, zu dem »da unten«. Eine andere Frau (72 Jahre) hatte ihre Vagina sogar noch nie gesehen und nur unter der Dusche angefasst – hier aber nie bewusst oder absichtlich. Nur durch den Besuch eines Therapeuten ermutigt, wagte sie es, im hohen Alter noch auf sexuelle Entdeckungsreise zu gehen. Stunden habe sie gebraucht, bis sie ihre Klitoris entdeckt habe, denn sie hatte zu diesem Zeitpunkt schon Arthritis.
Es sind berührende Geschichten, die man in den Vagina-Monologen entdecken kann. Berührend in zweierlei Hinsicht: zum einen, weil man meint spüren zu können, wie wohltuend es für manche

Frauen war, endlich einmal »darüber« sprechen zu dürfen. Zum anderen, weil frau mitten ins eigene Herz getroffen wird, denn spätestens in diesem Moment der Lektüre stellt frau sich auch selbst die Frage nach dem eigenen Verhältnis zu ihrer Vagina. Die »Daunten«-Generation gibt es bis heute – auch in der Trauerbegleitung. Älteren Frauen fehlen oft Worte für all das Lustvolle oder als abstoßend Empfundene ihrer Sexualität.

Auch Männer suchen nach Worten, fühlen sich oft sogar noch stärker gequält, weil sie schneller und vielleicht auch leichter ihre sexuellen Bedürfnisse wahrnehmen und nach dem Verlust eines Kindes, eines Partners oder einer Partnerin wiederentdecken. Selbst jüngere Menschen tun sich schwer, während der Erkrankung einer Partner*in sexuelle Bedürfnisse zu thematisieren oder nach dem endgültigen Verlust der Partner*in diese zu äußern oder sogar zu befriedigen.

Unterhält man sich mit Trauerbegleiter*innen und fragt, wie oft Sexualität innerhalb von Trauergesprächen zur Sprache kommt, dann ist häufig die Rückmeldung »gar nicht« oder »selten«. Heißt dies aber im Umkehrschluss, dass Trauernde keinerlei sexuelle Befriedigung mehr ersehnen oder kein sexuelles Verlangen mehr empfinden? Mitnichten – der Besuch von Internetforen beispielsweise belehrt eines Besseren. Hier suchen immer wieder aufs Neue Menschen in der Anonymität des World Wide Web bei diesen Fragen Rat und Absolution, Verständnis und Ermutigung.

Trauernde erscheinen im Freundes- und Familienkreis meist als asexuell. Man zeigt Verständnis für vieles, ist erschüttert über den schweren Verlust, aber spätestens bei diesem Thema verstummt das Gespräch, es entwickelt sich oft nicht einmal. Dabei kann gerade Sexualität ein Ausdruck von Aktualisierungstendenz sein, der Tendenz, die nach dem personzentrierten Ansatz von Carl Rogers dem Organismus in seiner Gesamtheit innewohnt und dessen Entwicklung all seine Möglichkeiten kennzeichnet. Sexualität ist ein essentielles Entwicklungsmoment des Menschen. Physisch erleben wir genau hier die größtmögliche Nähe zweier Körper, erleben Entgrenzung und Verschmelzung gleichzeitig. Das Erleben intimer körperlicher Nähe zählt zu den intensivsten menschlichen Beziehungserfahrungen. Umso erstaunlicher ist es, dass dieser Verlust nicht (explizit) in Trauergesprächen und Trauerbegleitungen vorkommt. Eine Vermutung: Es fehlen uns die Worte. Wir sind generell eher sprachunfähig in diesem existenziellen Bereich unseres Lebens – nicht nur wenn wir trauern.

»Seid reinlich bei Tage/Und säuisch bei Nacht./So habt ihrs auf Erden/Am weitesten gebracht.« Goethe bringt es in diesen kleinen Versen aus den Paralipomena zu Faust I (Paralipomena 50) auf den Punkt und zeigt uns die Diskrepanz auf, der wir unterliegen. Am Tag, im Hellen, blitzt und funkelt als leuchtendes Beispiel Sauberkeit und Reinlichkeit. Sex und Sexualität werden verschwiegen. Die unergründliche Nacht hingegen beschert Entgrenzung und im Dunkel verborgen kann jegliche Sexualität ihren Ausdruck finden. Diese Diskrepanz findet sich auch innerhalb der gegenwärtigen Gesellschaft. Unbefangen und frei über Sex und Sexualität zu reden gelingt nur wenigen, wenngleich uns dieses Thema in jeglicher Form und Darstellung in Film und Fernsehen, der Werbung, der Literatur oder der Musik fortlaufend begegnet. Obwohl der Mensch sich nur auf geschlechtliche Art und Weise fortpflanzen kann, scheint uns genau diese Geschlechtlichkeit unaussprechlich.

Eine Studie der Online-Partneragentur *parship* in Zusammenarbeit mit dem Marktforschungsinstitut *INNOFACT AG* aus dem Jahr 2013 mit tausend Befragten preist hingegen an, dass 60 Prozent der Deutschen gern über ihr Intimleben sprechen würden. 46 Prozent der Männer würden sich offen über eigene Wünsche und Phantasien austauschen. Bei Frauen täten dies 28 Prozent der Befragten. 37 Prozent geben aber an, vieles ihre Sexualität betreffend dann doch lieber mit sich allein auszumachen, wobei die Verschlossenheit mit zunehmendem Alter steige. Oft ist es Scham, die es Menschen schwer macht, Sexualität und insbesondere auch ihre eigenen sexuellen Sehnsüchte und Bedürfnisse auszusprechen.

Das liegt allem voran am Fehlen eines gemeinsamen Wortschatzes. Unsere sexuelle Sprache ist durchaus schillernd und umfangreich, gleichzeitig aber auch strikt tabuisiert. Das liegt auch an der jeweiligen kultur- und religionsspezifischen Einstellung zu diesem Thema. Unser Sexvokabular umfasst innerhalb der öffentlichen und auch privaten Kommunikation gleichwohl eine große Bandbreite: Es reicht von lustfreien, fachspezifischen Begriffen wie Penis und Vagina bis hin zu derben und vulgären Ausdrücken, die oft auch ins Pornografische gehen. Im familiären Kontext wird kleinen Kindern von der »Mumu« und dem »Pillermann« erzählt oder davon, dass »sich zwei ganz dolle lieb haben«. Galant wird vermieden, das eigentlich völlig Natürliche menschlichen Lebens konkret zu benennen. Es wird auf Metaphern ausgewichen oder nur andeutungsweise »darüber« gesprochen: die »Manneskraft«, der »Schoß«, das gemeinsame »in die Laken steigen«, »miteinander ins Bett gehen«. Der sexuelle Bezug dieser ursprünglich völlig anders konnotierten Worte ergibt sich dann erst aus dem Kontext. Alle diese Begriffe und Umschreibungen haben innerhalb unserer Sprache einen eigenen stilistischen Stellenwert. Welches Vokabular verwendet wird, hängt von der Sprecher*in und auch den Gesprächspartner*innen ab, vom sozialen Status und dem konkreten Gesprächskontext (Milieu).

Wenn ein Mensch stirbt, dann bricht jegliche Kommunikation ab. Diejenigen, die zurückbleiben, erleben dieses endgültige, ewige Verstummen des Kindes, der Partnerin oder des Partners als Katastrophe. Neben dem körperlichen Verlust – keinerlei (sexuelle) Berührungen mehr, kein Geruch, keine Wärme – wird die Sprachlosigkeit des Todes häufig am schlimmsten empfunden. Der Verlust der Sprache umfängt auch die Trauernden selbst. Sie werden stumm, der Tod des anderen versetzt sie ins Schweigen.

Trauerbegleiter*innen kennen dieses Schweigen und versuchen oft erst gar nicht, zu trösten und passende Worte zu finden. Sie wissen um diese Prozesse, akzeptieren die Sprachlosigkeit des Gegenübers, aber auch ihrer selbst. Gemeinsam mit den Hinterbliebenen halten sie das Schweigen und die Stille geduldig aus. Das gesprochene oder geschriebene Wort schafft aber Realität, macht den Schmerz hörbar und sichtbar. Begleiter*innen können offene Fragen stellen und Erzählräume schaffen für die gemeinsame Lebensgeschichte, die unvergessenen Orte, die gemeinsamen Erlebnisse.

Und genau an dieser Stelle sind Trauerbegleiter*innen zu ermutigen, auch Raum für das Unaussprechliche zu gewähren – für den sexuellen Verlust der Trauernden. Dazu sind viel Fingerspitzengefühl und Achtsamkeit notwendig. Denn der sexuelle Verlust kann angesichts der Sprachunfähigkeit der Lebenden bei diesem Thema nicht einfach so ins Wort kommen. Ein solches Gespräch hängt von vielen Faktoren ab: Wie erlebten die Trauernden Sexualität zu Lebzeiten mit ihren Partner*innen? Was für eine Rolle spielt der körperliche Verlust innerhalb des Trauerprozesses? Wird er als eklatant empfunden oder begnügt er sich mit einer Nebenrolle? In welcher Beziehung stehen Trauerbegleiter*in und Trauernder zueinander?

Unaussprechliches wahrnehmen: Focusing nach Gendlin
Im Zusammenhang mit dieser ambivalenten Situation von Sprachlosigkeit könnte eine Focusing-unterstützte Trauerbegleitung helfen. Mit Hilfe des philosophischen und gleichzeitig psychotherapeutischen Konzeptes *Focusing* von Eugene T. Gendlin kann ein begleitender Rahmen eröffnet werden, in dem Worte gerade nicht im Vordergrund stehen. Ein Raum, der es Trauernden ermöglicht, gemeinsam mit Hilfe der Trauerbegleiter*in an das unmittelbare, eigene körperliche Erleben anzuknüpfen, ohne diesen Verlust, die aufkeimende Sehnsucht oder das unstillbar erscheinende sexuelle Bedürfnis explizit zur Sprache bringen zu müssen.

Gendlin veröffentlichte dieses Konzept 1978 in den USA, drei Jahre später wurde es ins Deutsche übertragen. Die Entstehung von Focusing ist eng mit seiner Biografie verbunden. Als Jude flüchtete er mit seiner Familie vor den Nationalsozialisten nach dem Anschluss Österreichs an das Deutsche Reich von Wien in die USA. An der University of Chicago studierte er Philosophie und promovierte dort auch. Auf der Suche nach Forschungsfeldern, in denen die Beziehung zwischen dem Erleben und den Symbolisierungen dieses Erlebens im Bewusstsein näher analysiert werden, stieß er auf die Psychotherapie (Gendlin, 2008). 1951 lernte er Carl Rogers kennen, den Begründer der Klientenzentrierten Psychotherapie, und begann mit ihm zu arbeiten.

Gendlin stellte bei seinen Therapieforschungen zusammen mit Rogers fest, dass Klient*innen eine bestimmte Fähigkeit zu einem inneren Prozess benötigen würden, um von der Therapie überhaupt profitieren zu können: Durch eigene Beobachtung und Aufmerksamkeit auf ihr unmittelbares körperliches Erleben war es den Klient*innen möglich, Kontakt zu den Symbolisierungen ihres Erlebens aufzunehmen und sich davon ausgehend als Person weiterzuentwickeln. Gendlin nannte diesen inneren Prozess, diese besondere Aufmerksamkeit auf das unmittelbare, körperliche Erleben zu richten, »Focusing« – »to focus on the ongoing experiencing« (Feuerstein, 2000, S. 93). Im Mittelpunkt dieses Prozesses stehen körperlichen Wahrnehmungen, denn Focusing bezieht sich auf das körperliche Spüren und Erfassen/Beobachten von allem, was in einer Situation, einem Trauergespräch vorhanden ist. Diese besondere körperliche Empfindung beschrieb Gendlin mit dem Kunstwort des »*felt sense*« (ursprünglich *felt meaning*), um das Neue dieses körperlichen Bedeutungserleben zu unterstreichen. Ein *felt sense* ist dabei zu unterscheiden von einem Gefühl: Er ist weniger eindeutig, gleichwohl aber eine im Körper zu verortende Sinneswahrnehmung, die eine Bedeutung enthält, die sich entfalten kann, wenn man ihr Aufmerksamkeit schenkt: »A felt sense is a bodily sensation, but is not merely a physical sensation like a tickle or a pain. Rather, it is a physical sense *of* something, of meaning, of implicit intricacy. […] It is not just a bodily sense, but rather a bodily sense *of* …«[1] (zitiert nach Klessmann, 2004, S. 207). Die drei Punkte »…« verwendet Gendlin oft für den nicht in Begriffe zu fassenden *felt sense*.

In der Arbeit mit diesem Konzept erscheint der Körper nicht mehr als unbedeutend, als verwerflich oder unanständig. Unserem Körper wird hingegen ein *Mehr* an Bedeutung beigemessen, er ist

---

1 »Ein *felt sense* ist eine körperliche Empfindung, aber nicht eine rein physische wie ein Kitzeln oder ein Schmerz. Es ist eher ein Körpergefühl *von* etwas, mit Bedeutung, von impliziter Komplexität […] Es ist nicht einfach eine körperliche Wahrnehmung, sondern die körperliche Wahrnehmung *von* …«

nicht lediglich das Fundament für kognitive oder psychische Prozesse, sondern ist vielmehr selbst Organ der Wahrnehmung und damit ein unveräußerlicher Bestandteil menschlicher Kommunikation. Die Geschöpflichkeit des Menschen, unsere Leiblichkeit und Fleischlichkeit, kann auf diese Weise neu positiv als Geschenk Gottes wahrgenommen werden. Unser Körper/Leib *(body)* ist das entscheidende Moment unseres Personseins, unserer Identität. »Alle Kommunikationsprozesse, alle geistigen und seelischen Phänomene, haben ein körperliches Substrat« (Klessmann, 2004, S. 203). Leib und Seele stehen in einer beständigen Wechselbeziehung – an Trauer und Freude ist das sicherlich am Stärksten zu beobachten. Kostbarer Bestandteil unserer Geschöpflichkeit ist auch Sexualität. Diese beeinflusst in hohem Maße unsere Identität und ist »eine Weise des In-der-Welt-Seins, die die Wahrnehmung und die Konstruktion von Bedeutung mit bestimmt« (S. 204)

Gendlin ist überzeugt, dass unser lebendiger Körper fühlbare (erlebte, körperlich spürbare) Bedeutungen schafft, die dem Erkennen durch unsere fünf Sinne zuvor liegen. Es handelt sich hier um implizites Wissen, welches noch nicht explizit benannt und beschrieben werden kann. Der *felt sense* weist über die Sprache hinaus. Er beginnt dort, wo alles gesagt ist, wo Sprache endet. Ihm zu begegnen bedarf einer nach innen gerichteten Aufmerksamkeit und des Mutes, wertschätzend mit allem in mir Kontakt aufzunehmen, was vorhanden ist: mit allem Schmerzhaften, aller Wut, aller Sehnsucht (auch der körperlichen) und aller Traurigkeit. Die sexuellen Bedürfnisse sollen dabei gar nicht näher problematisiert und analysiert, sondern in ihrer Komplexität und Ambivalenz einfach wahrgenommen werden. Diese wertschätzende, absichtslose Begegnung mit dem Unaussprechlichen kann Erleichterung verschaffen und helfen, im Trauerprozess voranzuschreiten und in einem späteren, nächsten neuen Schritt wieder zu Worten zu finden.

Mögliches Begleitungsszenario
Focusing ist für alle Menschen lernbar und anwendbar. Es geht darum, Zeit mit etwas zu verbringen, was noch unklar ist, wo uns

Worte noch fehlen, was wir aber deutlich körperlich spüren können. Es ist eine Zeit, in der wir allem erlauben, so zu sein, wie es ist, und spüren, wie sich das Ganze einer Situation anfühlt. Das Besondere und gleichzeitig Herausfordernde eines Focusing-Prozesses ist, dass dieser weder zielgerichtet passiert, noch ergebnisorientiert geführt wird. Man kann einen solchen Prozess für sich allein erleben, sich dabei aber auch begleiten lassen. Gendlin entwickelte sechs Schritte dieses besonderen Erlebensprozesses (Gendlin, 2008, S. 64 ff.):

1. Freiraum schaffen
2. Einen *felt sense* kommen lassen
3. Den *felt sense* beschreiben: einen »Griff« finden
4. Vergleichen
5. Fragen
6. Annehmen und schätzen

Folgender, nicht im Detail nachgezeichneter Auszug eines Focusing-Prozesses kann besser einen Einblick gewähren als eine nähere Beschreibung der sechs Schritte. Eine junge Frau (32 Jahre alt) hat vor ungefähr einem Jahr ihren Freund durch einen Unfall verloren. Sie wollten heiraten und Kinder bekommen, gemeinsam ihr Leben miteinander verbringen. Nach einer schweren Phase der Trauer, in der die Frau sich wie gelähmt fühlte und gänzlich zurückgezogen hatte, macht sie nun wieder langsam Schritte zurück ins Leben. Mit Freundinnen war sie erstmals wieder ausgegangen und hatte leidenschaftlich in einer Diskothek getanzt, als sie von einem Mann beim Tanzen angesprochen wurde. Er hatte ihr Komplimente gemacht, was dazu führte, dass sie sich schlecht fühlte und sofort nach Hause ging.

Mit der jungen Frau hatte ich bereits von Beginn ihrer Trauer an mehrere Gespräche geführt, am Morgen nach diesem Abend rief sie mich an. »Es war schrecklich, peinlich. Er hat mir Komplimente gemacht, gesagt, wie schön und anziehend ich sei.« Ich merke, wie aufgebracht und empört ihre Stimme klingt. »Was war denn so schrecklich?«, frage ich. »Nehmen Sie sich doch einen kleinen Moment, herauszufinden, was so schrecklich, so peinlich war.« Die junge Frau fängt das Weinen an, ich merke, dass ihr das alles sehr nah geht. »Es ist völlig in Ordnung, dass da Tränen sind, weinen Sie ruhig.« Die Frau weint eine kleine Weile und schluchzt tief, dann aber atmet sie tief ein und sagt: »Ich darf doch gar keinen anderen Mann attraktiv finden, oder? Ich habe ihn doch so sehr geliebt, wir wollten doch heiraten. Was bin ich nur für ein schlechter Mensch?!« Erneut fängt sie an zu weinen. Auf ihre Fragen antworte ich nicht. Ich merke aber, dass die Emotionen stark sind, dass es nicht leicht für sie sein würde, ihre Aufmerksamkeit nach innen zu richten, um einem *felt sense* Raum zu schenken, nachzuspüren, was eigentlich an dieser Situation so … ist. Ich bitte sie daher, im Geiste erst einmal »einen Schritt zurückzutreten«, wahrzunehmen, dass nicht alles schlecht, peinlich und schrecklich ist. Etwas ruhiger zu werden, tiefer zu atmen und einfach nichts zu sagen. Eine kleine Weile schweigen wir. Ich höre nur ihre tiefen Atemzüge. Wir sprechen nicht. Ich warte ab … »Es war mir peinlich«, beginnt sie wieder das Gespräch. »Was war peinlich?«, frage ich nach und lade sie ein zu beschreiben, wie sich »das Peinliche« anfühlt. Ob sie es mir körperlich beschreiben könne. »Es ist wie ein Kloß im Hals. Ich kann nur schwer schlucken.« »Wollen Sie mir das vielleicht näher beschreiben? Wie ist dieser Kloß?«, frage ich zurück. »Schwer … und groß …«, antwortet sie mir. Ich lade sie ein, diesem »schweren und großen Kloß« zu signalisieren, dass sie ihn wahrgenommen hat, und sich neben ihn zu »setzen«, ihm Gesellschaft zu leisten, einfach nur da zu sein. Wir schweigen erneut. »Ich denke, ich habe Angst«, beginnt sie wieder zu sprechen. »Da ist also etwas in Ihnen, was jetzt gerade Angst hat«, greife ich ihre Worte auf. Ich lade sie ein, einmal genauer hinzuspüren, ob »Angst« sich als Beschreibung richtig anfühle. »Es ist, als ob ich jetzt für immer allein bleiben müsse. Ich habe doch nur mit ihm geschlafen, sonst mit niemanden bisher in meinem Leben.« Ich greife erneut ihre Formulierungen wiederholend auf und lade sie ein, ihre Aufmerksamkeit noch einmal stärker nach innen zu richten, nachzuspüren, wie sich dieses »für immer allein bleiben müssen« im Brust- und Bauchraum anfühle. Erneut beginnt sie nach Worten, Bildern, Gefühlen zu suchen, um dieses »allein bleiben müssen« näher zu beschreiben. Ich lasse ihr viel Zeit dabei, mache keine Vorschläge, spiegele ihre Antworten und frage nach, ob sie sich passend anfühlen. Ich begleite sie während dieses Erlebensprozesses, greife aber nicht weiter ein. Plötzlich, nach einer erneuten Phase des Schweigens sagt sie: »Ich glaube ich hätte gerne mit diesem Mann geschlafen. Er war nett und ich hatte das erste Mal wieder das Gefühl, als Frau gesehen zu werden. Er wusste ja nichts von meiner Situation.« Sie beginnt wieder zu weinen. Wieder lade ich Sie ein, diesem »gerne mit ihm geschlafen« nachzuspüren. Sie tut sich schwer damit; einerseits ist da abermals das Gefühl der Peinlichkeit, des Verbotenseins, andererseits ist da ein Gefühl von Wärme und Angenommensein. »Verwirrt!«, formuliert sie plötzlich. »Schwindelig und verwirrt ist das alles irgendwie.« Ich lade sie ein, bei diesem Teil in ihr, der sich »verwirrt und schwindelig« anfühlt, erneut zu bleiben. Nichts zu tun, es nur wahrzunehmen. Langsam verändert sich »das Schwindelige, das Verwirrte« und es macht sich Erleichterung breit. »Ich dachte nicht, dass ich so etwas wieder fühlen würde, fühlen dürfe«, sagt sie zum Ende des Prozesses.

Gelöst hat sich das Dilemma der jungen Frau von sexuellem Verlangen und tiefer Trauer um den geliebten Partner zwar am Ende des Gespräches nicht, zumindest würden rationale Beobachter*innen vermutlich so urteilen. Am Ende des Focusing-Prozesses aber war die junge Frau sich selbst einen Schritt näher gekommen. Hatte den Gefühlen nach körperlicher Nähe, nach einem neuen Mann einmal Raum geben können und wahrgenommen, dass eine solche Sehnsucht in ihr vorhanden war. Im Focusing geht es nicht um ein »Bereinigen« oder Aus-der-Welt-schaffen, sondern um ein Zulassenkönnen und Annehmenkönnen einer Situation. Gerade im Zusammenhang von Sexualität und Trauer kann das ein Weg zurück ins (körperliche) Leben sein.

Die Weisheit der Märchen oder:
Vom Wachküssen und Erwachen der Sexualität

Eine Möglichkeit, auf eine behutsame Weise ins Gespräch zu kommen, ist der »Umweg« über vertraute Geschichten, die Erfahrungstiefe haben und einen bildhaft-assoziativen Umgang mit sexueller Identitätsfindung erkennen lassen, nämlich über die Märchen. Schon lange ist bekannt, dass die alten Erzählungen, die die Brüder Grimm sammelten und für die Ewigkeit aufschrieben, nicht nur für Kinder bestimmt sind. Sie lassen sich auf vielerlei Weise verstehen. Spätestens Bruno Bettelheim hat zeigen können, dass sich Märchen auch psychoanalytisch und entwicklungspsychologisch deuten und in der Kinderpsychologie verwenden lassen. Eugen Drewermann hat neben seiner tiefenpsychologischen Deutung biblischer Texte auch zahlreiche Grimm'sche Märchen ausführlich ausgelegt. Aber muss man es den erfahrenen und ausgewiesenen Fachleuten überlassen, plausible Deutungen dieser menschheitsbedeutsamen Erzählungen zu liefern? Darf man sie nicht auch dann zu Rate ziehen, wenn man sie braucht und aufgrund einer besonderen Lebenssituation gerade diese alten und immer schon vertrauten Geschichten neu entdeckt? An einem der Grimm'schen Märchen möchte ich das exemplarisch versuchen.

Dornröschen oder: Das Dickicht der Unberührbarkeit
Wer sagt eigentlich, dass Dornröschen jung und ungeküsst war? Was wäre, wenn Dornröschen eine Frau oder ein Mann wäre, die sich nach dem Tod ihres ersten Geliebten in ein verwunschenes Schloss zurückzieht, dessen einzige Entwicklung darin besteht, dass sich nichts mehr bewegt?

Wenn ich das Märchen vom Dornröschen aus der Situation von Trauer lese, lässt sich unglaublich viel an Trauererfahrung wiederfinden, etwa von der Kraft und der Schönheit zärtlicher und erotischer Begegnungen.

Es geht schon so los: Ein Elternpaar wartet sehnlich auf ein Kind. Als der Traum endlich erfüllt scheint, erhält die ganze Welt –

Freunde, Bekannte, Familie – davon Kunde. Der Konvention entspricht es, dass alle dem kleinen Erdenbürger und seinen Eltern alles Gute wünschen: Tugend, Schönheit, Reichtum und alles, was es halt so zu wünschen gibt. Zwölf gute und weise Frauen sind es, die ihre Wünsche ausrichten dürfen. Zwölf als symbolische Zahl für Vollkommenheit, wie die zwölf Stämme Israels oder die zwölf Jünger Jesu. Alles in allem wünschen sie dem Kind ein vollkommenes Leben, niemand denkt an etwas Böses.

Aber komplett ist damit das Leben noch lange nicht. So wie im Königreich der Eltern Dornröschens mehr als zwölf weise Frauen wohnen, so gehören zum kompletten Leben nicht nur die guten Erfahrungen. Doch die dreizehnte Frau will natürlich niemand beim Fest der Gratulantinnen dabeihaben, auch wenn sie ausspricht, was jeder weiß. Dass man sich verletzt im Leben, dass man sich wehtut, die Finger verbrennt oder an einer Spindel sticht, das ist Teil des Lebens. Dass Krankheit, Verletzung und Verlust, ja sogar Tod und Trauer Bestandteile des Lebens sind, das will man den Kindern und ihren Eltern gern verschweigen und ersparen. Keiner will darum die weise und ehrliche dreizehnte Frau dabeihaben. Aber vermeiden lässt sich das dennoch nicht – und so ist Dornröschen schließlich etwas unvorbereitet, als sie ihrer ersten Bedrohung begegnet.

Genauso fühlt es sich an, wenn man als Witwe oder Witwer, als verwaistes Elternteil, als verwaistes Kind oder als überlebendes Geschwisterkind kurz nach dem Verlust zu Festen eingeladen wird, bei denen alle fröhlich feiern und Familien- und Liebesglück beschwören. Heiligabend zum Beispiel: Wohlmeinende Freunde und Familienangehörige laden ein, damit man nicht ganz allein sein muss. Aber natürlich wollen sie nicht mit einem Häuflein Elend konfrontiert sein. Wie schwer ist es, mitten in einer ausgelassenen Gesellschaft die Maske der Heiterkeit und Fröhlichkeit aufzusetzen, zu lachen, nur von Schönem und Hellem zu sprechen. Da kann es dann schon vorkommen, dass man in einem Moment der Verzweiflung das anspricht und ausspricht, was keiner hören will: dass das Glück, der Reichtum und die Schönheit keine Ewigkeitsgarantie besitzen. Man kommt sich vor wie ein Gast, der zur Unzeit auftaucht, der niemanden höflich grüßt und der seinen Mund aufmacht, auch wenn das, was dabei herauskommt, keiner hören will. Trauernde können sich bei Familienfeiern wie die dreizehnte, die Unheil kündende Fee vorkommen. Wenn sie dann schon da sind, platzt irgendwann im »alles ist gut«-Getue der Kragen und alles schweigt betreten.

Die Brüder Grimm haben das vielleicht auch schon so gesehen. Die dreizehnte weise Frau wartet nämlich nicht, bis die zwölf Netten ihre guten Wünsche geäußert haben, sondern platzt genau an die Stelle der zwölften. Also ist das, was sie wünscht, doch Bestandteil der Vollkommenheit und gehört mit zum Leben: Du wirst vom Tod berührt werden, früher als es dir lieb ist. Es lässt sich nicht verschweigen. Ganz ehrlich, damit hat sie leider Recht. Auch wenn es keiner hören will. Jeder wird verletzt. Und der Tod gehört zum Leben.

Was also, wenn das gar keine böse Fee war, die mit ihren Verwünschungen Böses bewirken möchte, sondern eben das, was man als Trauernder vom Leben gelernt hat, dass nämlich das Leben mehr umfasst als Barbie und Ken in ihrer pinkfarbenen Plastikwelt? Die dreizehnte ist immerhin auch eine weise Frau. Selbst Walt Disney hat dem kleinen Bambi nicht den Tod der Mutter erspart – oder dem Löwenprinzen Simba den grausamen Tod seines Vaters (»König der Löwen«).

Aber auch wenn Trauer und Verlust wahr sind und zum Leben dazugehören, müssen sie sich nicht gut und richtig anfühlen. Jacob und Wilhelm Grimm beschreiben das schon ganz richtig. Das Schicksal kommt einem wie ein böser Fluch vor. Es fühlt sich an wie ein übler Traum, aus dem man nicht erwacht. Wenn dahinter ein Plan steckt oder ein Wille, dann kann das nur böse Absicht sein. Wer würde einem solches Leid an den Hals wünschen? Ob die dreizehnte weise Frau mit ihrem zwölften Wunsch gut oder böse war, ist völlig egal. Es fühlt sich böse an, was sie verkündet. Vielleicht fühlen sich deshalb Trauernde oft gemieden, wie Aussätzige.

Gut, dass das nicht das letzte Wort sein muss. Die übergangene zwölfte (gute) weise Frau hält sich ebenso wenig zurück wie die voreilige dreizehnte. Sie mildert das ab, was die Ungeliebte eben ganz aggressiv, wie einen Fluch in die freudige Szenerie hineingeschleudert hat. Ja, das kleine Menschenkind kommt nicht darum herum, seine Erfahrungen mit Trauer und Sterben zu machen. Diese Erfahrungen werden hart und traumatisierend sein. Aber das wird das Kind nicht auf Dauer umbringen. »Es soll aber kein Tod sein, sondern ein hundertjähriger Schlaf, in welchen die Königstochter fällt.« Der König will auch das nicht hören – und so erzählen uns die Brüder Grimm davon, wie er und seine Frau versuchen, ihre Tochter zu beschützen und zu behüten, so wie viele Eltern lange versucht haben, ihren Kindern die Begegnung mit Krankheit und Sterben oder gar die Konfrontation mit einem Toten zu ersparen. Das kann auf Dauer nicht gut gehen.

Egal ob Fluch oder Schicksal, die Prophezeiung wird Realität. Egal ob Königskind oder nicht, der Spindelstich in den Finger ist unvermeidlich. Alles verfällt schockartig in eine Starre. Ein Moment, der alles schlagartig und nachhaltig ändert. Es ist wie der Moment, in dem man die eine, gefürchtete und geahnte schlechte Nachricht erhält, dass der oder die Geliebte plötzlich gestorben ist. Eine Untersuchung bringt das »positive« Ergebnis mit sich, das alles ist, nur nicht positiv. Die Welt scheint still zu stehen. Das Blut gefriert in den Adern, der Atem stockt. Das Einzige, was man weiß, ist, dass nichts mehr so sein wird wie vorher. Ein Gefühl der Ohnmacht und des Ausgeliefertseins.

Dornröschen verfällt in ihren langen Schlaf, lang wie hundert Jahre, und je länger er währt, umso mehr weicht das Blut aus ihren Adern, das Rot aus ihren Lippen und die Wärme aus ihren Gliedern. Die Welt draußen dreht sich, auch bei Trauernden, vielleicht weiter. Für einen Moment hat auch sie innegehalten, aber spätestens nach der Beerdigung geht es weiter, laut, hektisch, als wenn nichts gewesen wäre. Wenn man das Radio anschaltet, dröhnen die Sendestationen beharrlich mit unerträglicher Bespaßung aus den Lautsprechern. Es geht nicht anders: Man muss abschalten, ausschalten, sich abschotten vom Lärm und der Fröhlichkeit der Welt.

In manchen Kulturen hat das Dornröschen-Gefühl, das Aus-der-Zeit-Fallen, der gefühlte Stillstand dazu geführt, dass genau diese Erfahrung in rituell anmutenden Handlungen nachvollzogen wird: Die Zeiger aller Uhren im Haus werden angehalten und Spiegel werden verhängt.

In manchen Familien überträgt sich dieses Gefühl von der unmittelbar betroffenen Person, die jetzt in der unschönen Rolle des Königskindes ist, auf die gesamte Umgebung, das gesamte System, im Märchen symbolisch »Schloss« genannt. Die ganze Königsfamilie und der gesamte Betrieb, einschließlich Koch und Lehrling, sind betroffen. Und so wachsen die Dornen, werden stacheliger und wuchern als undurchdringliches Gestrüpp, das sich nicht lichten will. Die unmittelbar Betroffene, die schicksalsgebeutelte Königstochter wird so sehr mit der Situation der Erstarrung identifiziert, dass sie erst jetzt im Märchen ihren Namen erhält: Dornröschen. So sagen die Leute. Es ist wie im wahren Leben und im Zeitalter von Internet und Facebook, Dornröschen ist ein Kunstname für die Identität 2.0 der jungen Frau. Es ist, als würde nur noch das Schicksalhafte für erzählenswert gehalten. So erleben das auch trauernde Menschen: Jetzt ist man (vorerst jedenfalls) für immer die Frau, deren Mann so tragisch ums Leben gekommen ist, oder der Mann, der seine Frau so aufopfernd gepflegt hat, oder die Eltern, deren Kind so schwer krank ist. Wer man sonst ist, verblasst hinter dem Schicksal. Man ist Trauernder. Man ist Dornröschen, egal, wer man vorher war.

Dennoch tobt das Leben draußen weiter. Kein Wunder, dass Dornröschen sich dagegen mit allen Kräften zu wehren sucht. Anfangs ist es vielleicht noch die Art Rückzugsverhalten, die gute Freunde gern akzeptieren. Irgendwann aber hat man einmal zu oft die freundliche Einladung »Du musst doch mal raus, komm, amüsiere dich doch mal, lass dich ablenken!« ausgeschlagen und die Freunde ziehen sich zurück. Dornen wuchern nicht nur, sondern sie stechen auch. Wer von außen kommt, fühlt sich wie ein Eindringling, den man spüren lässt, dass er unwillkommen ist. Das Gestrüpp wird mit jedem Tag undurchdringlicher und das soll es ja irgendwie auch. Drinnen richtet man sich ein, denn wer nicht gestört wird, kann auch nicht böse überrascht oder gar verletzt werden. Das Gestrüpp der Abwehrmechanismen, der Eigenheiten, die man sich zulegt, und der Schutzmechanismen, all das bewahrt davor, noch einmal so verletzt und verwundet zu werden.

Während denen, die drinnen sind, die Zeit stehen bleibt und sie nicht merken, wie sich draußen das Rad der Zeit weiterdreht, wundern die draußen sich zunehmend darüber, wie sich die Trauernden verkriechen und verschanzen. Die Märchen erzählen in so vielen Weisen davon, wie schwer es ist, eine Schneise durch die Dornenhecke der Trauer und Isolation zu schlagen oder die eisernen Ringe um das Herz zu durchbrechen. Im Märchen vom Eisernen Heinrich/dem Froschkönig wird erzählt, dass sich in den Jahren der Trauer eiserne Bande um das Herz des Kutschers Heinrich legten. Wie erleichtert der Kutscher Heinrich ist, als sein Herr (natürlich auch ein Königssohn) endlich aus seiner Trauer geküsst wird, erfährt der Leser über den Umweg des Prinzen. Der hört das Krachen eiserner Bande und spricht den Getreuen an: »Heinrich, der Wagen bricht!« Der antwortet: »Nein, Herr, der Wagen nicht, es ist ein Band von meinem Herzen, das da lag in großen Schmerzen, als Ihr in dem Brunnen saßt, als Ihr eine Fretsche [Frosch] wast [wart].« Und die Märchenerzähler erläutern: Noch einmal und noch einmal krachte es auf dem Weg, und der Königssohn meinte immer, der Wagen bräche, und es waren doch nur die Bande, die vom Herzen des treuen Heinrich absprangen, weil sein Herr erlöst und glücklich war.

Es ist eine Erlösung, wenn er endlich kommt, der Prinz, der sich von Dornen und Unfreundlichkeiten nicht abweisen lässt, oder wenn die Prinzessin endlich erkennt, dass der abweisende, versteinert wirkende Frosch nur darauf wartet, wachgeküsst zu werden. Es geht ihnen, den Erlösern in den alten Märchen nicht um den Preis, nicht um den Lohn der guten Tat. Sie sind keine altruistisch gesinnten Helfer; sie können schlichtweg nicht anders, es treibt sie, sie tun es einfach: Sie küssen!

Und wunderbarerweise fallen alle Widerstände, ergibt sich alles ganz natürlich. Bei Dornröschen weicht die Dornenhecke wie von selbst zurück und gibt den Weg frei. Als hätte es keinen hundertjährigen Schlaf gegeben, als wäre eine Frist abgelaufen, passiert es und fühlt sich einfach richtig an. Widerstand schwindet, Fluch und Verwünschungen sind vergessen, Tabus und Konventionen gelten nicht mehr, der Kuss geschieht, die Leidenschaft bricht sich Bahn. Nicht mehr, aber auch nicht weniger. Oder wie bei Schneewittchen, die im gläsernen Sarg dem Tod näher war als dem Leben (auch so ein Witwen- und Witwer-Gefühl): Ein Kuss löst den Knoten im Hals, der vergiftete Biss vom Apfel löst sich in der Kehle, das Schlucken wird möglich und die Luft des Lebens (ganz biblisch gedacht: Ru'ach als der Leben spendende Odem) strömt hindurch, füllt die Lungen, bis sie vor Glück bersten wollen. Und alles erwacht, als wäre nichts gewesen. Das Schloss ist belebt, selbst das Essen fällt wieder leicht. Köche kochen, Zwerge jubeln und Vögel singen. Das Leben ist zurück.

So schön kann es sein, wenn Dornröschen erwacht und sich dem Rausch hingibt. Auch nach gefühlten hundert Jahren im Dornenschlaf wartet in jeder Witwe eine Königstochter und in jedem Witwer ein Königssohn auf einen Prinz oder eine Prinzessin. Und jeder, der ein Herz im Leib hat, freut sich wie der Eiserne Heinrich, wenn die Bande brechen.

Mit Märchen arbeiten – das Dickicht lichten
Die geschilderte Meditation zum Grimm'schen Märchen Dornröschen samt den Assoziationen aus anderen Märchen und anderen (vermeintlichen) Kindergeschichten zu Trauer hat versucht, Trauermotive und Motive für Sehnsucht, Sexualität und Nähe, aber auch Abweisung, Zurückweisung und Stillstand in den alten Geschichten zu erkennen. Deutlich sollte geworden sein, dass es sich um einen hermeneutischen Prozess handelt, bei dem es nicht darum geht, die Geschichte im Sinne ihrer Verfasser*in oder in ihrem volkskundlichen Kontext und Entstehungskontext, also literaturwissenschaftlich, zu erkunden. Vielmehr geht es um die Position der Lesenden, um ihre perspektivische Lesart der Geschichte. Aus der Position der Trauernden und – im Zusammenhang dieses Buches – aus der Perspektive der Trauernden als sexueller Wesen kann und darf man

vieles in die Geschichte hineindeuten. Es geht dann auch nicht um »richtige« oder »falsche« Deutungen, sondern um Verstehensprozesse, die zwischen der Geschichte und ihren Leser*innen stattfinden. Weil das Hineindeuten bewusst perspektivisch ist, hilft es auch, die Perspektive selbst zu thematisieren: Der Ort, von dem aus die Geschichte betrachtet wird, lässt sich im Verlauf dieses Prozesses zunehmend präzise bestimmen. Letztlich geht es um einen Erkundungsprozess der lesenden und interpretierenden Person selbst, wenn sie ihren Assoziationen, Empfindungen und Impulsen Raum gibt, die durch die Geschichte abgerufen und freigesetzt werden.

Im Rahmen dieses Buches soll damit – dem vorsichtigen Gesamtansatz zum Thema »Sexualität in Zeiten der Trauer« entsprechend – noch kein Konzept zur Arbeit mit Märchen zum Thema vorgestellt werden. Zuerst geht es um das Wahrnehmen der eigenen Assoziationen und Gedanken. Diese können und sollen in ein Gespräch gebracht werden. Dazu haben andere Autor*innen etablierte und von vielen als sinnvoll bewertete Vorschläge gemacht.

Eine einfache Möglichkeit ist es, eines der oben geschilderten Märchen mit Klient*innen gemeinsam zu lesen und an geeigneten Stellen immer wieder innezuhalten und eventuell zu fragen:
- Was löst das Märchen in Ihrer besonderen Situation in Ihnen aus?
- Schicksal oder Fluch: Warum trifft es immer die Königstöchter und Königssöhne?
- Wie sieht Ihr Dickicht aus, mit dem Sie andere Menschen fernzuhalten versuchen?
- Was für ein »Kuss« müsste es sein, der Sie »erwecken« könnte? (Wichtig: Es muss nicht unbedingt ein Kuss sein, es kann auch eine andere Form von [re-]animierender Berührung sein, ein Kuss im übertragenen Sinne.)
- Gibt es einen »Heinrich« in Ihrem Umfeld, dem eiserne Ringe ums Herz springen und abfallen würden, wenn Sie geküsst würden?

Eine andere Möglichkeit schlägt der Psychotherapeut und Pfarrer Matthias Schnegg vor. Er arbeitet in der Trauerbegleitung intensiv mit der von Jacob Levy Moreno entwickelten humanistischen Therapieform des Psychodramas, bei der es darum geht, Spontaneität und Kreativität als schöpferischen Kräften des Lebens Raum zu geben, den Weg zum Lebenkönnen, zu Ver-Innerung des Verlustes und zu einem schöpferischen Neubeginn über eine kathartische Erfahrung zu eröffnen (Schnegg, 2014, S. 27 f.). Der Anschluss an die humanistische Psychologie stellt dabei klar, dass es um Kräfte geht, die im Menschen liegen und die als Ressourcen genutzt werden können, um zu einem lebensdienlichen Leben mit Trauer zu finden. Schnegg verweist dabei auf den schönen Begriff des »Zur-Geburt-Bringens« bei Moreno:

»Unerschütterlich bezeugt Moreno sein Vertrauen, dass der Mensch tatsächlich Fähigkeiten hat, etwas Neues zur Geburt zu bringen. Hierin liegt eine verheißungsvolle, Leben erhaltende Prognose für den Weg eines Trauernden. Oft genug ist es so, dass die Begleitenden diese Perspektive anwaltschaftlich für den Trauernden übernehmen. Gemeint ist das Vertrauen, dass über alle Abgründe des Verlusterlebens hinweg in der Regel sich die Möglichkeit einer neuen Lebensperspektive öffnet. Das wird nichts von der Tiefe des Verlustes nehmen, wird den Verlust aber integrieren lernen in eine neue Zukunft. Im Denken des Psychodramas ist dies das Zur-Geburt-Bringen. Der psychodramatische Prozess ist im Sinne des Vertrauens des Begleitenden ein Weg, dieses Neue sich schöpferisch entfalten zu helfen« (Schnegg, 2014, S. 24).

Im Psychodrama geht es nun darum, der Innenwelt des begleiteten Menschen eine Bühne zur Darstellung zu geben, ihn dabei aber nicht den Bildern ausgeliefert sein zu lassen, sondern ihm über behutsames und methodisch kontrolliertes Führen, Begleiten und Betrachten – zum Teil in der Einzelbegleitung, zum Teil in Gruppenarbeit – eine Vermittlung der Innenwelt mit der Realität zu ermöglichen.

In der konkreten begleitenden und therapeutischen Arbeit mit Trauernden arbeitet Schnegg psychodramatisch mit Situationen aus der Erfahrungs- und Erlebenswelt der Trauernden. Gegen Ende seines Buches stellt er aber ein Beispiel der Arbeit mit einem Märchen im Rahmen der Ausbildung einer neuen Gruppe künftiger Trauerbegleiter*innen vor. Diese präsentiert er als eine Möglichkeit, sich mit Spontaneität und Kreativität als zentralen Kräften des Menschseins vertraut zu machen und ihre Stärke im eigenen Erleben und Erkennen konkret und in der Gruppe zu erfahren.

Das ausgewählte kurze »Märchen vom Totenhemdchen« erzählt von der Trauer einer Mutter um ihren achtjährigen Buben. In der psychodramatischen Arbeit kommt dem »Erwärmen« eine besonders wichtige Funktion zu: Die Rollen des Märchens, insbesondere die der Mutter, aber auch einzelne Elemente, Gegenstände und Orte des Märchens werden gemeinsam in der Gruppe ganz konkret erkundet: Sie werden nicht gedeutet, sondern so genau wie möglich vor Augen »gemalt«, dass sich jeder ein Bild davon machen kann. Die Erwärmung kann dabei verschiedene Stufen durchgehen.

Für »Dornröschen« eignen sich dabei verschiedene Rollen, Gegenstände und Situationen: die Eltern ebenso wie die Königstochter, die dreizehnte weise Frau; insbesondere geeignet scheint mir die Dornenhecke, weil sie dem Mädchen ihren Namen gibt und alle Sozialkontakte bestimmt, die inneren (Todesschlaf) wie die äußeren. Nach der Phase des Erwärmens wird eine Vorleserin oder ein Vorleser bestimmt, die das Märchen in Sinnabschnitten laut lesen.

Die Gruppe gestaltet gemeinsam eine Bühne. Schnegg verwendet dazu bunte einfarbige Tücher, die einen Raum beschreiben. Die Dornenhecke bietet sich geradezu als Begrenzung der Bühne an, als Grenze zwischen innen und außen. Die Teilnehmer können spontan eine Rolle übernehmen, die dann noch einmal gemeinsam mit der Gruppe »erwärmt« wird. Das Erwärmen erfolgt im Umhergehen durch den Raum, in einem gelenkten Interview, bei dem nicht die Gefühle und Empfindungen gedeutet werden, sondern spielerisch Rolle, Raum und Gegenstand konkret und fassbar werden sollen.

Nun werden vom Vorleser die einzelnen Sinnabschnitte vorgelesen, jeweils spontan und aus dem Stegreif von den Rollenträgern gespielt. Rollen können nun auch von anderen Mitspielern übernommen werden. Die Dramatik und einzelne leicht zu übersehende Elemente bekommen Platz und Geltung. Der Leiter/die Leiterin sorgt dabei immer wieder dafür, dass das Spiel vorankommt, holt Rollen und Spieler auf die Bühne.

Am Ende des Spiels ist es wichtig, dass die Teilnehmenden ihre Rollen bewusst abstreifen. Rollenfeedback, Prozessanalyse und »Sharing«, das Teilen des Erlebten, sind unerlässlich. Nach Schnegg ermöglicht das psychodramatische Arbeiten in hohem Maße Selbsterfahrung, bringt mit der Erfahrung von Trauer in persönliche Berührung, lässt aber auch das Potenzial und die Ambivalenz der Gefühle und Verhaltensweisen im inneren Erleben bewusst werden.

Im Zusammenhang von Sexualität und Trauer besteht die Chance des psychodramatischen Arbeitens mit »Dornröschen« nicht zuletzt darin, die vielschichtigen Aspekte auf die Bühne zu bringen und sowohl im Zusammenhang mit Trauer als auch im Kontext von Nähebedürfnis, Sexualität, sexueller Identität, Sehnsucht nach Begegnung und Distanz zu anderen bis zur Sehnsucht nach Erlösung zu erfahren. Dies sind die Aspekte

- des Schützenwollens vor negativen Erfahrungen,
- der Unumgänglichkeit von Verletztwerden,
- der Verletzlichkeit,
- des Gefühls der Ausgegrenztheit,
- des Moments, ab dem alles anders war als vorher,
- des Erstarrens,
- der Blut- und Leblosigkeit,
- des »Sich-ein-Igelns«,
- der Abkehr von der »Welt da draußen«,
- der Versuche von außen, Kontakt aufzunehmen,
- des Wachsens der Dornenhecke,
- des Weichens der Dornen, wenn einer wirklich durchkommen will,
- des Küssens,
- des Erwachens,
- des Lebens.

In der abschließenden Auswertung durch die Leiterin oder den Leiter des Spiels sollte noch einmal deutlich herausgearbeitet werden, wie sehr auch Sexualität in ihrer ganzen Bedeutungsbreite im Spiel und im Märchen angesprochen wird und wie sehr Trauer davon gezeichnet ist. Dass der Begründer des gruppentherapeutischen Arbeitens mit Psychodrama, Jacob Levy Moreno, den Begriff des »Zur-Geburt-Bringens« verwendet, empfinde ich für unser Thema als hilfreich, denn er zeigt, dass es um ein leibhaftes Prozessgeschehen geht, das schmerzhaft ist und das – in Verbindung mit dem »Zeugen« (franz. engender) – geschlechterspezifische Anteile hat, die sich aber nicht exklusiv auf bestimmte Geschlechterstereotypien festschreiben lassen. Ziel des Zeugens und Zur-Geburt-Bringens ist das Freisetzen neuen Lebens, das nicht vorbestimmt ist, sondern zukunftsoffen, voller Möglichkeiten, voller Hoffnungen, aber auch voller Kontingenzen. Die Metaphorik begegnet auch in der französischen Pastoraltheologie von Christoph Theobald und Philippe Bacq: »Leben ist darauf angewiesen, gezeugt zu werden. Zugleich ist sein Gezeugt-werden angewiesen aufs Über-setzen – im Sinne der Durchquerung einer kritischen Zeit, in der das Leben auf dem Spiel steht. […] ein langer Prozess […], der Verwandlungen des beginnenden Lebens mit einschließt« (zitiert bei Feiter u. Müller, 2013).

Genau in der Phase des Über-setzens kann die Arbeit mit Märchen hilfreich sein, weil die Märchen in ihrem ritualisierten Schluss einen Vertrauensvorschuss ins Leben beinhalten: »Und wenn sie nicht gestorben sind, dann …«

Zur Arbeit mit Filmen in der Trauerbegleitung

Kein Medium der Kultur der Gegenwart ist so leicht verfügbar und zugleich so kontrolliert einsetzbar wie das Medium Film. Die meisten Menschen unseres Kulturkreises wachsen mit Filmen im Fernsehen und im Kino auf. Fernsehfilme, Dokumentarfilme, TV-Serien, Kurzfilme und Spielfilme in voller Länge werden in Programmen gezeigt, sind aber fast überall verfügbar, seit sie über Videokassetten, DVDs, BluRays und andere Speichermedien vertrieben werden. Zunehmend ist auch der Zugriff auf Filme über das Internet und über Smart-TV möglich.

Neben Büchern (Sach- und Fachliteratur, Romanen, Novellen etc.) sind Filme wahrscheinlich das zentrale Medium, in dem der kulturelle Diskurs zum Thema Trauer abzulesen ist, wenn nicht sogar geführt und gestaltet wird. Auch und gerade Sexualität wurde und wird seit den Anfängen des Kinos in bewegte Bilder übersetzt. Anders als viele Fachbücher oder Ratgeber in Buchform spart kaum ein Spielfilm Sexualität in Trauersituationen aus, was vielleicht daran liegt, dass körperliche und leibliche Kommunikation die Verwendung von Bildern und Musik nahelegt und keiner unmittelbaren Verbalisierung bedarf. Jede romantische Komödie, jede Filmschnulze und jedes Drama um Liebe und Verlust bezieht Sexualität in ihre Erzählung ein. Im Kino und im Fernsehen sind es Menschen gewohnt, nackte Körper gezeigt zu bekommen, zarte oder heftige Berührungen zu sehen und das Sprechen darüber in Slang, Poesie oder Fachsprache hinzunehmen. Die Zeiten, in denen ein Film wie »Die Sünderin« als Skandal empfunden wurde, liegen lange zurück, die Kennzeichnungen der Freiwilligen Selbstkontrolle geben Hinweise, ob ein Film als »jugendfrei« gilt.

Film ist zudem ein alle Generationen umspannendes Medium. Wer meint, Kino sei nur etwas für Junge, täuscht sich. Gerade ältere Menschen sind mit Filmen in Lichtspielhäusern aufgewachsen und haben sich erhebliche Filmkompetenz ersehen. Während meiner Arbeit als Seelsorger in einer Seniorenresidenz konnte ich feststellen, dass Filmreihen ein wichtiges Element des kulturellen und sozialen Lebens waren. Viele der Bewohner nahmen daran teil und erwarteten, dass ihnen nicht nur die Schmonzetten der 1950er und 1960er Jahre präsentiert wurden. »Rosamunde Pilcher kriegen wir im Fernsehen«, hieß es in den Gesprächsrunden. Filme des Gegenwartskinos, schwere und leichte Stoffe gleichermaßen, führten zu lebendigen Gesprächsrunden. Komödien und romantische Stoffe hallten ebenso nach wie traurige und konfrontative Stoffe. Nur einmal erntete ich bei einem Film deutlichen Widerstand wegen der als obszön empfundenen Sprache und einer drastischen Sexszene, die im Film auch als Tiefpunkt des Plots diente.

Alle Aspekte von Liebe, Freundschaft und Zuneigung, Traurigkeit und Verzweiflung lassen sich mit filmischen Mitteln wie im Schauspiel oder in der Oper inszenieren und fordern Zuschauer zu Auseinandersetzung, Anteilnahme oder Ablehnung heraus. Das abgedunkelte Kino erlaubt es ebenso wie das Fernsehzimmer (bei vielen Menschen steht ein Fernseher sowohl im Wohnzimmer als auch in den Schlafräumen), sich geschützt vor Beobachtung durch andere, allein oder mit anderen Emotionen, Sehnsüchten und Phantasien hinzugeben und jeweils auch wieder zurückzukehren in die Realität des eigenen Lebens.

Ein Effekt des Massenmediums Film (insbesondere, wenn er über das Fernsehen vertrieben wird) ist es, dass er orientierende und bisweilen gesellschaftliches Verhalten normierende Effekte haben kann. Als Beispiel sei auf den Film »Kramer gegen Kramer« aus dem Jahr 1979 verwiesen, in dem Meryl Streep und Dustin Hoffman (beide zu Beginn ihrer Karriere) sich scheiden lassen und um das Sorgerecht für ihren Sohn kämpfen. Durch den Film und das Angebot sympathischer – wenngleich gebrochener – Protagonisten wurde einer breiten Öffentlichkeit das Thema Scheidung in aller Komplexität und vor allem jenseits der »Schuldfrage« nahegebracht. Frauen und Männer in einer ähnlichen Situation konnten sich mit ihrer eigenen Geschichte auseinandersetzen und bei einem gemeinsamen Kinobesuch über das Medium Film und die dort erzählte fremde Geschichte anderen etwas von ihrem eigenen Erleben und ihren Gefühlen nahebringen, ohne zu sehr von sich selbst erzählen zu müssen. Die Schuldfrage spielte nicht mehr die zentrale Rolle, wohl aber das Wohl des Kindes und das innere Erleben der beiden Elternteile.

Das Drama »Philadelphia« (1993) mit den Hauptdarstellern Tom Hanks und Antonio Banderas gab einem Millionenpublikum auf dem Höhepunkt der Aids-Krise einen Einblick in das Erleben aus der Innenperspektive der Betroffenen – dem Kranken, dem Partner, den liebevollen Eltern und nicht zuletzt dem distanzierten

Beobachter in Gestalt des schwarzen und zweifelsfrei heterosexuellen Rechtsanwalts, den Denzel Washington zum Besten gab. Sogar Themen wie Sex mit wechselnden Geschlechtspartnern wurden jenseits moralistischer Kategorien thematisiert. HIV-Infizierte und ihre Angehörigen, aber auch viele Menschen, die in dieser Zeit in Beratungsarbeit in Selbsthilfegruppen oder der im Entstehen befindlichen Hospizbewegung tätig waren, betrachteten den Film dennoch mit ambivalenten Gefühlen: Einerseits waren sie dankbar für die positive mediale Aufmerksamkeit und die dadurch bewirkte Zunahme von Solidaritätsbekundungen (etwa durch das öffentliche Tragen von Roten Schleifen) mit Einfluss auf die politische Entscheidungskultur. Andererseits empfanden viele Betroffene und Engagierte die Darstellung als verharmlosend und ästhetisierend. Gerade weil das Geschehen auf der Leinwand dem unmittelbar erlebten »wahren Leben« nicht standhält, kann es einen wichtigen Impuls geben, von der erfahrenen Realität zu erzählen, der Fremdperspektive die Eigenperspektive an die Seite zu stellen. Ich kann mich jedenfalls sehr gut daran erinnern, dass meine Tränen im Kinosaal (sie flossen reichlich) nur zum Teil mit dem Geschehen auf der Leinwand zu tun hatten. Zum Großteil drückten sie die Trauer um gestorbene Freunde oder um die Freunde aus, die mit der Infektion zu kämpfen hatten. Dass sympathische Schauspieler ihrem Schicksal und unserer Trauer ihr Gesicht liehen, berührt mich noch heute, auch wenn keiner meiner Freunde so starb wie die von Tom Hanks gespielte Figur.

Genau diese ambivalenten Empfindungen sind es, die die Arbeit mit Filmen für die Trauerbegleitung empfehlenswert machen. Insbesondere dort, wo Klientinnen und Klienten nur verhalten Zugang zu ihren eigenen Empfindungen finden oder diese kaum verbalisieren können, bieten Filme ein Medium im Sinne des Wortes: Sie vermitteln und ermöglichen es, »über etwas« zu sprechen – über die Darstellung, die Charaktere, das Schicksalhafte oder die Trauer im Film – und über diesen Umweg von sich selbst zu sprechen. Innerhalb der Psychotherapie hat sich das Arbeiten mit Filmen inzwischen etablieren können, etwa in der Positiven Psychologie (vgl. Niemiec u. Wedding, 2008; Teischel, 2007). In Publikationen zur therapeutischen Arbeit mit Filmen werden bestimmte Verhaltensweisen, Charakterzüge und Stärken der Protagonisten hervorgehoben, die dann als Ausgangspunkt für ein Gespräch dienen. Aspekte wie »Hoffnung«, »Treue«, »Lebenslust« oder »Glauben« werden dargestellt und bestimmten Filmen zugeordnet. Das Gespräch entlang der Filme bietet Klienten die Möglichkeit zu indirekter, vermittelter Kommunikation über etwas, was sie von sich und für sich (in der ersten Person) nicht oder noch nicht formulieren können.

Eine befreundete Ärztin berichtete in der Teamrunde von ihrem Erlebnis mit einem ihrer jungen Patienten. Die Kinderärztin betreute den zwölfjährigen Jungen und seine alleinerziehende Mutter schon einige Monate im Rahmen einer ambulanten Palliativversorgung. Bislang war es schwer gewesen, mit dem Jungen in Kontakt zu kommen. Er wich Gesprächen aus und wirkte abweisend. Beim jüngsten Besuch schaute er gerade einen Fantasy-Streifen auf DVD; statt ihn zu bitten, das Gerät auszuschalten und sich mit ihr zu unterhalten, setzte sich die Ärztin zu ihm, war dann aber entsetzt von den Gewaltbildern, die sie sah: Monster mit entstellten Köpfen und Gliedmaßen, ein kleines Mädchen und drastische, surreale Bilder. »Das ist ja ein ganz schrecklicher Horror-Streifen! Und das kannst du dir ansehen?« Der Film war »Pan's Labyrinth«, ein spanischer Kinoerfolg, der eine Geschichte aus der Zeit des spanischen Bürgerkriegs unter Rückgriff auf mythologische Motive erzählt. Einige der Bilder sind tatsächlich kaum zu ertragen; insbesondere das als Pan bezeichnete Monster stellt eine Herausforderung dar. Als der junge Patient der Ärztin sagte: »Du musst keine Angst haben, das ist eigentlich ein ganz Lieber«, war klar, dass er seiner Ärztin signalisierte, dass er sie akzeptiert hatte. Der Gedanke, dass der Schrecken des Filmmonsters im Vergleich zur Krankheit, mit der er konfrontiert war, eher gering war, führte sie zu einem neuerlichen Nachdenken über die Film- und Mediennutzung ihrer jungen Patienten. Gemeinsam mit dem Team schauten wir uns den Film an und diskutierten, dass er in der Betreuung ein wunderbares Medium war, über eigene Angst,

Tapferkeit und Mut zu sprechen, ohne dabei von sich selbst sprechen zu müssen. Von sich aus und über sich selbst hätte der Junge nicht gesprochen. Über den Film zu diskutieren, fiel ihm leichter.

Gerade bei Themenbereichen, über die das Sprechen schwerfällt, eignet sich darum der Einsatz von Medien. Ganz praktisch lässt sich dies in der Begleitung einzelner Menschen umsetzen, indem einer Klientin oder einem Klient vorgeschlagen wird, sich bis zum nächsten Gesprächstermin einen ausgewählten Film anzusehen und dabei besonders auf eine bestimmte Szene oder Sequenz oder einen bestimmten Aspekt zu achten. »Wenn Sie mögen, tauschen wir uns über unsere Eindrücke im nächsten Gespräch aus.« Ohne explizit und ganz aktiv sexuelle Bedürfnisse, Enttäuschungen, Erfahrungen und so weiter ansprechen zu können, können die ausgewählten Filme und Szenen ein Gespräch dazu erleichtern, wenn dies den Bedürfnissen der Klientin entspricht. Wichtig ist es, nachzufragen, ob der Klient den Film allein oder mit Freunden ansehen möchte. Es versteht sich von selbst, dass die Beraterin sich selbst mit dem Film auseinandergesetzt hat.

Eine Auswahl an Filmen für die Trauerbegleitung
Auf eine ausführliche Liste empfehlenswerter Filme möchte ich an dieser Stelle verzichten, denn diese wäre zu sehr durch meine eigenen Vorlieben geprägt. Beispiele finden sich mehrfach im Text. Nur als Impuls für filmische Entdeckungen seien deshalb ein paar Titel genannt, in denen in guter Weise Sexualität in Zeiten der Trauer verhandelt wird:
- »Drei Farben: Blau« (1993): Der polnische Film von Krzysztof Kieślowski schildert die radikale Entwurzelung einer Witwe nach dem Tod ihres Mannes, eines berühmten Komponisten. Sie bricht mit allem, was ihr gemeinsames Leben mit ihm ausgemacht hatte, der gemeinsamen Arbeit mit Musik, dem gemeinsamen Haus und allen Freunden. Dass ihr Mann eine Affäre hatte, wird auf überraschende Weise aufgearbeitet; die Folgen seiner Affäre eröffnen bei aller Enttäuschung sogar eine neue Lebensperspektive. Der zunächst aggressive und lieblose Sex mit einem

früheren Verehrer trägt schließlich doch dazu bei, dass sie wieder Wurzeln im eigenen Leben findet und sich der Vergangenheit annähert. *Themen: Sexualität und Biografiearbeit; Beziehungssexualität als Ressource; Sex als Aggression.*
- »Italienisch für Anfänger« (2000): Ein junger, eben erst Witwer gewordener Pfarrer tritt in einer dänischen Kirchengemeinde die Vertretung eines älteren Kollegen an, der nach dem Tod seiner Frau völlig verzweifelte. Seine Kanzelreden sind der Gemeinde nicht mehr zumutbar. Der junge Vertreter sprüht auch nicht gerade vor Charisma, bemüht sich aber, sein Leben in den Griff zu bekommen, indem er an einem Italienisch-Kurs teilnimmt. Wie er sind auch die anderen Kursteilnehmer eher Verlierer; ihre Sehnsucht nach einem anderen Leben und einer anderen Sprache führt zu Annäherungen und zu Beistand in neuen Zeiten der Trauer. Die leise Komödie erzählt von der verhaltenen Sehnsucht nach Sinn, Glauben und einer zart keimenden und ganz unwahrscheinlichen Liebe. Die Solidarität Trauernder wird mit Leichtigkeit und Sympathie erzählt. *Themen: soziale Identität; Isolation; Sehnsucht.*
- »Kirschblüten – Hanami« (2008): Einsamkeit, Sehnsucht und Suche eines Mannes, der um seine überraschend verstorbene Frau trauert. Auf den Film von Doris Dörrie wurde schon ausführlich im Kapitel »Die Sprache der Kleidung« eingegangen. *Themen: Leiblichkeit und Körperlichkeit von Trauer; Suche nach dem verstorbenen Partner; käuflicher Sex; Kleidung als Symbol.*
- »Liebe/Amour« (2012): Das bewegende Drama erzählt das suizidale Ende eines alt gewordenen Ehepaares, das die Auflösung der gewohnten und erbittert verteidigten Zweisamkeit durch zunehmende Schwäche und Pflegebedürftigkeit nicht hinnehmen mag. Zärtlichkeit und Nähe werden intellektuell und durch gemeinsame kulturelle Interessen gelebt. Erinnerung hält das Begehren der Jugendzeit gegenwärtig. Die Herausforderungen der Pflege führen zu einer massiven Überbelastung, weil sich das Paar gegen externe Hilfsangebote abschottet. Der Anspruch an die gegenseitige Liebe scheitert schließlich. Der Ehemann hält

seine Frau sauber, satt und trocken, aber nicht mehr im Arm. Ob der letzte Akt ein Ausdruck von Liebe oder von Gewalt ist, darüber lässt sich diskutieren. *Themen: Sexualität als Zärtlichkeit und Zusammensein; Veränderungen in der Paarbeziehung; Sexualität im Alter; Biografiearbeit; Gewalt und Überbelastung; Suizid.*
- »Halt auf freier Strecke« (2011): Der beinahe dokumentarisch gestaltete Film über den Verlauf einer Hirnkrebs-Erkrankung eines Mannes von der Diagnosestellung bis zu seinem Tod zeigt auf schonungslose Weise, wie das Ehepaar und die ganze Familie mit dem Prozess umgehen und fertig werden. Trotz erheblicher Anstrengungen und Symptombelastung verliert sich das Ehepaar nicht. Kurz vor dem Tod schlafen die Eheleute noch einmal miteinander, in einer traumartigen Sequenz. Die pubertierende Tochter versucht, in ihrem Sportverein Distanz zu gewinnen, ist aber in den entscheidenden Momenten da. Ein kluger und kundiger Film, der dem Betrachter allerdings emotional alles abverlangt. In der Arbeit mit Gruppen, insbesondere in der Ausbildung für Hospizbegleiter oder bei Fortbildungen bestens geeignet. *Themen: Veränderungen in der Paarbeziehung; Treue; Sexualität als existenzielle Kommunikation.*
- »A Single Man« (2009): Sensible Darstellung der Trauer eines Mannes um seinen Lebenspartner. Der Film wurde von einem berühmten amerikanischen Modedesigner gedreht, der präzise Bilder für das Innenleben des Protagonisten findet, dabei aber immer stilsicher und »schön« bleibt. Besondere Aufmerksamkeit erfahren die Suizidwünsche des Witwers, der keinen Ausweg aus der Sehnsucht nach dem Verlorenen und aus seinem ergebnislosen Grübeln findet; sexuelles Begehren läuft ins Leere, weil dem Trauernden jede soziale Kompetenz abhandengekommen ist. Eine keimende neue Liebe, vor allem aber eine verlässliche (wenn auch selbst gebrochene) Freundin stabilisieren ihn schließlich. *Themen: Isolation; Homosexualität; Trauer und Suizidalität; Begehren; Zulassen einer neuen Partnerschaft.*
- »Brokeback Mountain« (2005): Der berühmte Film über schwule Cowboys ist nichts anderes als eine Elegie der Trauer. Die ver-

klemmte und heimlich ausgelebte Liebe der beiden Männer bleibt ihr Lebensthema, dem sie auch durch die Flucht in Ehe und Familie nicht entkommen. Als der eine der beiden wegen seiner Homosexualität ums Leben gebracht wird, ergreift der Überlebende (gespielt von Heath Ledger) dies endlich als Chance, sich innerlich ganz zu ihm zu bekennen. Die Trauer gilt einem geliebten und verlorenen Menschen ebenso wie dem ungelebten Stück Leben. Wie in »Kirschblüten – Hanami« spielt auch hier ein Kleidungsstück eine zentrale Rolle. *Themen: Homosexualität; ungelebte Trauer; Sprachlosigkeit; Sehnsucht; Kleidung als Symbol.*

- »Nokan – Die Kunst des Ausklangs« (2008): Der japanische Film über Trauerrituale ist neben vielem anderen auch eine Auseinandersetzung eines jungen Mannes mit »alter« Trauer. Als Kind musste er nach der Trennung der Eltern den Abbruch jeglichen Kontakts zum Vater erleben. Als er den sozial geächteten Beruf ergreift, den Leichnam toter Menschen zeremoniell zu waschen, einzukleiden und zu schminken, landet der Leichnam des Vaters vor ihm. Durch die körperliche Berührung begreift er die Trauer seines Vaters und die Notwendigkeit, die Beziehung zu seiner jungen und schwangeren Frau neu zu beleben. Eine besondere Szene ist die Annäherung eines Elternpaares an den Leichnam ihres Sohnes, der als Frau leben wollte. Die Frage, ob ihr Kind als Mann oder Frau zu schminken und zu kleiden ist, führt die Eltern zur Akzeptanz der Transgender-Existenz ihres Kindes. Der Körper ist der letzte Anker der Person in der Welt. *Themen: Berührung des Leichnams; Schuld und Vergebung; sexuelle Identität; Spiritualität.*
- »Schlaflos in Seattle« (1993): Eine durch und durch romantische Komödie, harmlos und kitschig, aber dennoch berührend. Tom Hanks spielt einen Architekten, der nach dem Krebstod seiner Frau den gemeinsamen Sohn Jonah allein erzieht und einen Neubeginn an der Westküste der USA wagt. Jonah sucht für seinen Vater bei einer Radiosendung eine neue Frau. Eine Journalistin (Meg Ryan) macht sich auf die Suche nach einer Story und erlöst dabei erwartbar den Trauernden und sich selbst. Dass sein Vater ein kleines erotisches Abenteuer sucht, wird herrlich

ironisch ausgeschlachtet. Jonah, der harmlose Junge wehrt sich dagegen allerdings energisch und bestätigt alle Ideale des heutigen Amerika. Der Film sendet die tröstliche (wenn auch trügerische) Botschaft aus, dass verwitwete Väter unwiderstehlich sind. *Themen: Suche nach einer neuen Partnerschaft; verwitwet und alleinerziehend; Romantik versus Sex.*

- »The Broken Circle« (2013): Der Film über die leidenschaftliche, am Ende aber gänzlich trostlose Beziehung eines Liebes- und Elternpaares vor und nach dem Tod ihrer Tochter erhielt 2014 den César für die beste Auslandsproduktion und war für den Oscar nominiert. Musik und Religion, Tätowierkunst und Sexualität sind die zentralen Bereiche, an denen sich die Trauernden abarbeiten – jeder auf seine eigene Weise und für sich allein. Wie »Halt auf freier Strecke« vor allem für Gruppenarbeiten geeignet, aber unbedingt sehenswert. *Themen: verwaiste Eltern; Veränderungen in der Paarbeziehung; Spiritualität; Umgang mit dem Körper; Sprachlosigkeit; Trauer und Suizidalität; Genderspezifische Trauer; Sexualität als Kommunikation.*
- »Spider-Man« (2002): Es mag verwundern, eine Action-Comicverfilmung mit in die Liste mit aufzunehmen. Aber Spider-Man und die meisten aller Superhelden-Comics haben ihre Ausgangssituation in einer Trauersituation des (meist männlichen) Helden. Bilder von Maskulinität und Stärke werden eingesetzt und scheinen den Bedürfnissen nach Zärtlichkeit und Bindung zu widersprechen. Für Jugendliche geeignet. *Themen: jugendliche Trauernde; soziale und sexuelle Identität; Ambivalenz der Gefühle.*
- »Beim Leben meiner Schwester« (2009): Der auf einem sehr lesenswerten Roman basierende Film erzählt neben dem Hauptplot (Wird Anna eine Niere für ihre todkranke Schwester Kate spenden?) vom Leiden und Sterben der jugendlichen Patientin Kate, die an Leukämie erkrankt ist. Während ihrer Klinikaufenthalte lernt sie den Mitpatienten Taylor kennen und verliebt sich in ihn. Beide gehen zum Abschlussball und verbringen danach eine gemeinsame Nacht. Der ansonsten leider recht konventionell gemachte Film setzt das Thema jugendlicher Sexualität in

Bilder, die das Motiv der Defloration inmitten einer Baustelle mit Plastikfolien romantisch überhöhen. Die Erfahrung eines körperlichen Zusammenseins wird zum Motiv der Lebenssattheit Kates, die durch das Sterben hofft, mit Taylor zusammensein zu können. *Themen: das erste Mal; Sehnsucht; jugendliche Sexualität; Verliebtsein.*
- »Gladiator« (2000): Noch eine vielleicht überraschende Auswahl. Der »Gladiator« erzählt die Geschichte einer überzeichnet männlichen Trauer um eine Vaterfigur, um die Ehefrau, die Familie insgesamt und um die Lebensideale. Der Protagonist kann auf Trauer nur mit stoischer Haltung, Rachegelüsten und Gewalt reagieren. Eine neue Liebe, die nicht nur platonisch ist, kommt nicht in Frage, weil der Trauernde sicher von der Wiedervereinigung mit der geliebten Frau ausgeht. *Themen: Trauer und physischer Schmerz; Wut; Gewalt statt Sexualität; heroisierte Männlichkeit; Freundschaft und Treue.*
- »Mein Leben ohne mich« (2003): Hoch gelobtes Filmdrama über die antizipierende Trauer einer jungen Frau mit Eierstockkrebs, die trotz ihrer guten Ehe vor ihrem Tod Sex mit einem anderen Mann ausprobieren und für ihren Mann eine Partnerin nach ihrem Tod sucht. *Themen: Partnerschaft und Treue; sexuelle Identität; spielerischer Umgang.*
- »An ihrer Seite« (2006): Behutsames kanadisches Filmdrama um ein in die Jahre gekommenes Ehepaar. Die Ehefrau (Julie Christie) leidet an fortgeschrittener Demenz und zieht schließlich auf eigenen Wunsch in eine beschützende Einrichtung. Nach eigener Auskunft glaubt sie, langsam zu »verschwinden« – und tatsächlich entgleitet sie allmählich ihrem treu sorgenden Ehemann, den sie nicht mehr wiedererkennt. Stattdessen meint sie in einem anderen Heimbewohner ihrer Jugendliebe wiederbegegnet zu sein und beginnt, mit ihm eine erfrischende Verliebtheit zu spüren. Der Ehemann leidet unter dem Verlust der Partnerin, beginnt aber dank guter Begleitung, Verständnis zu entwickeln. *Themen: Demenz; Veränderungen in der Paarbeziehung; Intimität im Pflegeheim; Sehnsucht.*

- »Die Herbstzeitlosen« (2007): Schweizerische Komödie um eine Witwe, die aus ihrer Trauer herausfindet, indem sie die Kreativität ihrer jungen Jahre wiederentdeckt und sich gegen die Konventionen des Heimatdorfes wehrt. Sie hat Spaß und wirtschaftlichen Erfolg mit dem Schneidern von Dessous. Das Spiel mit Rollenklischees und Sinnlichkeit stellt die Zuschreibungen traditioneller Erwartungen an reife Frauen in Frage. *Themen: Sinnlichkeit; Trauer um ungelebtes Leben; Konventionen; Kleidung als Symbol; sexuelle und soziale Identität; Sexualität im Alter.*

Die Liste ließe sich endlos fortsetzen, eigene Erkundungen sind möglich. Ich freue mich, wenn die Leserinnen und Leser mir Hinweise zusenden (traugott.roser@uni-muenster.de).

Mit Filmen arbeiten – neue Sichtweisen entdecken

In der Begleitung kann das Medium Film sowohl für die Einzelbegleitung als auch für die Arbeit in Gruppen genutzt werden. Voraussetzung ist, dass die Begleiter*in den Film gut kennt und ihn sich – zumindest bestimmte Sequenzen – mehrfach ansieht. Zielführend in der Annäherung ist es, sich durch methodische Arbeit von der emotionalen Dimension des Films zunächst zu distanzieren, um sich ihm jenseits des Geschmacksurteils erneut anzunähern. Dazu helfen ein paar grundlegende filmanalytische Überlegungen:

- Wovon erzählt der Film eigentlich? Was ist sein Plot (die auf der Leinwand gezeigte Handlung)?
- Wer sind die auftretenden Figuren und Protagonisten? Wie werden sie charakterisiert? Sind die sympathisch oder unsympathisch? Ist es möglich, sich mit ihnen zu identifizieren oder zu sympathisieren?
- Was ist die Grundstimmung des Films und wie erreicht er sie? Dazu hilft es, auf die Frequenz der Schnitte, die Ruhe oder Unruhe in der Kameraführung und die vorherrschende Wahl der Aufnahmen und Bildausschnitte zu achten: Groß- und Detailaufnahmen markieren emotionale Nähe, Panoramaaufnahmen und Großaufnahmen vermitteln Überblick und Distanz. Welche

Farbgebung ist vorherrschend? Welche Musik wird zu Gehör gebracht?

Eine gute Einführung in die technischen und filmästhetischen Erzählmittel des Kinos gibt der Klassiker (mit zehn Auflagen) »Film verstehen« von James Monaco. Wer sich genauer mit Filmanalyse befassen möchte (es lohnt sich), sei an Werner Faulstich (2013) verwiesen.

In der Regel ist es nicht sinnvoll, mit einer Trauergruppe oder während einer Einzelbegleitung einen ganzen Film anzusehen. Die Filme sind zu voll, enthalten zu viele Motive und zu viele Erzählsequenzen, die jede für sich Stoff zum Diskutieren bieten. Für die direkte Arbeit empfiehlt es sich deshalb, eine oder zwei Sequenzen aus einem Film herauszunehmen.

Die Begleiter*in wählt die Sequenz vorab aus. Dabei ist es gut, darauf zu achten, wo sich in der Gesamterzählung die betreffende Sequenz befindet. Auch hier lohnt sich die Lektüre einer einfach zu lesenden Einführung in die Dramaturgie des populären Films, die Jens Eder (1999) vorlegt.

- Am Anfang (Exposition) steht eine Sequenz entweder, um eine Person zu charakterisieren und vorzustellen oder um das Problem des Films zu formulieren (Plot-Orientierung).
- Im Hauptteil (Durchführung) durchlebt der Protagonist verschiedene Phasen der Problemlösung. Klassischerweise werden zwei bis drei Situationen des Scheiterns geschildert, bis gegen Ende des Hauptteils der Weg zur Lösung gefunden und begangen wird.
- Gegen Ende des Films kommt es zur Klimax (Höhepunkt) und manches Mal zur Katharsis (seelische Läuterung).

Je nachdem, wo sich die ausgewählte Sequenz im Kontext Sexualität befindet, hat sie problematische, scheiternde oder lösende Konnotationen. Begleiter sollten sich deshalb auch immer die Frage stellen, ob Sexualität – in allen Facetten – am Rande, en passant, oder zentral gezeigt und ins Bild gerückt wird. Ein kurzes Beispiel ist »The Broken Circle« (Kurzbeschreibung siehe oben). Die erste Szene relativ weit am Anfang des Films (11:46 bis 13:36) zeigt tiefe Vertrautheit, Gespräche und Musik, spielerischen und glücklichen Sex zwischen dem Liebespaar. Zärtlichkeit und Nähe, Naturverbundenheit und wortloses Einverständnis vermitteln einen Eindruck der Intimität und des Glücks der Beziehung vor dem Tod der Tochter. Die zweite Sequenz (1:01:18 bis 1:03:33) zeigt das Paar bereits in der Auflösung nach dem Verlust ihrer Tochter. Sie beschließen, das Zimmer der Tochter zu räumen, weil sich etwas ändern muss. Ein Versuch, wenigstens körperlich da weiterzumachen, wo sie waren, scheitert. Die Lösung des Problems gelingt nicht mehr, die Partner bleiben im Schmerz isoliert.

Wenn Sie mit ausgewählten Sequenzen arbeiten, führen Sie knapp und bündig in den Film ein. Vermeiden Sie den Fehler, die Handlung ganz nacherzählen zu wollen. Nur das, was unbedingt notwendig zum Verständnis der ausgewählten Sequenz ist, muss erzählt werden: Wer sind die Hauptfiguren, denen man in der Sequenz begegnet? Was ist ihr Hauptproblem? An welcher Stelle der Geschichte befindet sich die Sequenz? Fragen Sie sich selbst: Was will ich mit der Sequenz eigentlich deutlich machen oder besser verstehen?

Zeigen Sie dann den Ausschnitt. Bei emotional fordernden oder aufwühlenden Ausschnitten zeigen Sie die Sequenz ein zweites Mal, dieses Mal mit konkreten Arbeitsaufträgen: »Achten Sie auf die Musik«, »Achten Sie auf die Bilder«, »Welches Gefühl vermitteln die Kameraführung, die Schnitttechnik?« und so weiter. »Wie wird Nähe, Zärtlichkeit, Intimität, Sehnsucht etc. hier dargestellt?« Geben Sie den Teilnehmern Gelegenheit, sich in Zweier- oder Dreiergruppen (Murmelgruppen) auszutauschen, und kommen Sie dann ins Gespräch. Achten Sie darauf, die gestellten Arbeitsaufträge abzuarbeiten und erst danach die wichtigen Fragen zu stellen:
- Wie haben Sie das, was Sie zu sehen bekamen, empfunden?
- Welche Fragen bewegen Sie?
- Warum handelt der Protagonist/die Protagonstin so und nicht anders?
- Können Sie das nachempfinden?

- Was würden Sie dem Helden/der Heldin am liebsten raten?

In einem Gruppensetting ist gute Technik wichtig. Die Lichtverhältnisse im Raum sollten so veränderbar sein, dass der ungehinderte Blick auf die Bildfläche auch Details erkennen lässt, das Gespräch im Anschluss aber ebenso möglich ist. Nutzen Sie den Moment, in dem die Vorhänge aufgezogen oder das Licht angeknipst wird, für eine Erholungspause. Es ist auch denkbar, eine kurze »Raucherpause« anzusetzen, wenn die Sequenz lang und aufwühlend war.

Für die Aufführung ist ein Beamer mit Leinwand am sinnvollsten; andernfalls ein großer Bildschirm. Ich rate sehr zur Arbeit mit DVD oder BluRay, weil sie hier direkt Szenen minutengenau ansteuern können. Legen Sie die DVD vorher in das Abspielgerät und steuern Sie die ausgewählte Szene schon vorab an. Viele DVDs haben allerhand Vorlauf (Werbung, Info, Menüführung etc.), der in der Gruppe lästig ist. Achten Sie auch darauf, das Sprachmenü kontrolliert zu haben (Deutsch), eventuell mit Untertiteln.

Arbeiten Sie immer mit legalem Material. Auf der sichersten Fährte sind Sie, wenn Sie sich von Bildungseinrichtungen wie Medienstellen Filme besorgen. Zeigen Sie Filmausschnitte nur in geschlossenen Gruppen, nicht öffentlich (oder besorgen Sie sich andernfalls dazu eine Vorführgenehmigung). Achten Sie die Urheberrechte.

In § 52 des Urheberrechtsgesetzes (UrhG) heißt es: »Zulässig ist die öffentliche Wiedergabe eines veröffentlichten Werkes, wenn die Wiedergabe keinem Erwerbszweck des Veranstalters dient, die Teilnehmer ohne Entgelt zugelassen werden und im Falle des Vortrags oder der Aufführung des Werkes keiner der ausübenden Künstler (§ 73) eine besondere Vergütung erhält. Für die Wiedergabe ist eine angemessene Vergütung zu zahlen. Die Vergütungspflicht entfällt für Veranstaltungen der Jugendhilfe, der Sozialhilfe, der Alten- und Wohlfahrtspflege, der Gefangenenbetreuung sowie für Schulveranstaltungen, sofern sie nach ihrer sozialen oder erzieherischen Zweckbestimmung nur einem bestimmt abgegrenzten Kreis von Personen zugänglich sind.«

In der Einzelbegleitung ist die Arbeit mit Filmen flexibler. Gerade hier ist es wichtig, dass Sie den Film gut kennen und sich eventuell auch mit Lektüre und Kritik vertraut gemacht haben. Es gibt im Internet zahlreiche Seiten mit hilfreichem Infomaterial und Rezensionen zu Filmen; allerdings ist deren Fokus selten auf die Situation Trauernder gerichtet.

Leihen Sie Ihrer Klientin, Ihrem Klienten eine DVD aus mit dem Hinweis, sich bis zum nächsten Treffen den Film anzusehen und dann darüber zu sprechen. Erkundigen Sie sich, ob er oder sie das Medium Film gewohnt ist. Verbinden Sie dies mit einem Hinweis, auf welchen Aspekt (der Geschichte, der Darstellung etc.) der Klient besonders achten soll.

Für das Nachgespräch gibt es sowohl die Möglichkeit, eher global ins Gespräch zu kommen und über den Film oder einen bestimmten Aspekt zu sprechen, als auch eine konkrete Sequenz gezielt noch einmal miteinander anzusehen und gemeinsam zu besprechen. Achten Sie auch hier darauf, nicht nur über die Handlung des Films, sondern auch über die Darstellung, über ganz konkrete Bilder zu sprechen. Es ist möglich, den Film jederzeit anzuhalten (das Bild »einzufrieren«) und das Gezeigte genau zu betrachten.

- Was sehen Sie?
- Was fällt Ihnen besonders ins Auge?
- Was irritiert Sie?
- Gibt es etwas, was man erst auf den zweiten oder dritten Blick erkennt? Ist das trotzdem etwas Wichtiges?
- Assoziieren Sie etwas mit diesem Bild/dieser Musik/diesem Geräusch?
- Wie würden Sie das Gesicht/die Mimik/die Gestik beschreiben? Gibt es dafür Worte?
- In was für einer Situation befindet sich der Held/die Heldin?
- Wie würden Sie das Verhalten (des Protagonisten) beschreiben? Gibt es dafür Worte und Begriffe?
- Würden Sie sich den Film ein zweites Mal ansehen?
- Gibt es jemanden, mit dem Sie den Film ansehen würden?

Nach Ende des Gesprächs über den Film ist es hilfreich, den Klienten/die Klientin noch einmal ihre Gedanken dazu zusammenfassen zu lassen. Mit welchem Gefühl geht sie aus dem Gespräch? Hat es eine Resonanz zu ihrer eigenen Geschichte gegeben? Achten Sie stets darauf, dass der Klient oder die Klientin selbst entscheiden kann, über den Film oder über sich selbst zu sprechen und auch manches zwischen den Zeilen stehen zu lassen.

Einige der anschließenden Fragen im Abschlusskapitel sind auch an dieser Stelle bereits geeignet als Ausblick für das weitere Gespräch.

Impulsfragen für Begleiter*innen

Zum Ende sollen ein paar knappe Hinweise gegeben werden, wie in der Begleitung gezielt nach Sexualität gefragt werden kann. Dazu verweise ich noch einmal auf den Fragebogen, mit dem Maria Wasner und ich mit unseren Forschungspartnern in unserer Studie unter Krebspatient*innen und ihren Partner*innen gute Erfahrungen gemacht haben. Die Fragen sind durch die Kontrolle einer Ethikkommission gegangen und wurden von den meisten der Befragten als Ausgangspunkt für ihre Gesprächsbeiträge akzeptiert und positiv bewertet. Zu beachten ist selbstverständlich, dass nicht alle Menschen gleich reagieren. Was im Bereich Sexualität und Intimität bei dem einen als sensibel und einfühlsam empfunden wird, kann von einem anderen schon als indiskret und unschicklich erlebt werden. Wo zwei Gesprächspartner*innen tangiert sind, ist auf die Sensibilität beider zu achten. Nutzen Sie Ihr eigenes Sprachgefühl, achten Sie darauf, dass Sie Ihr Wohlsein oder Unwohlsein mit bestimmten Begriffen und Vorstellungen nicht auf andere übertragen, sondern als Ihr eigenes wertschätzen. Achten Sie auch auf das Empfinden Ihres Gegenübers. Deshalb empfiehlt es sich, eine Klientin oder einen Klienten »um Erlaubnis« zu bitten, dieses Thema ansprechen zu dürfen. Dies könnte etwa auf folgende Weise geschehen:

»Sie haben mir schon vieles erzählt, wir haben viele Aspekte Ihrer Trauer angesprochen. Ich würde gern auch noch auf ein Thema zu sprechen kommen, das Ihnen vielleicht seltsam erscheint. Es geht darum, welche Auswirkungen Ihre Situation auf Ihre Beziehung/ Ihre Erfahrung von Nähe/auf Ihre Partnerschaft/auf Ihre Sexualität hat. Es gibt Hinweise in der Literatur und der Forschung, dass es sich lohnt, einen Blick darauf zu werfen. Selbstverständlich können Sie es jetzt oder auch später ablehnen, weiter darüber zu sprechen. Und selbstverständlich kann ich Ihnen auch hier versichern, dass das, was wir besprechen, ganz sicher hier im Raum, unter uns bleibt.«

Fragemöglichkeiten sind dann im Anschluss:
- Es ist gar nicht einfach, die richtigen Worte dafür zu verwenden, weil Nähe, Sexualität oder auch Intimität für jeden Menschen etwas anderes bedeuten kann. Wie würden Sie Ihr persönliches Verständnis beschreiben?
- Was gehört für Sie unbedingt dazu, was ist vielleicht auch nicht so wichtig?
- Hat sich in der Zeit, in der Ihr Partner/Ihre Partnerin erkrankt ist, etwas in Ihrem Verständnis verändert?
- Wie geht es Ihnen mit diesen Veränderungen?
- Wie würden Sie Ihr Verhältnis zu Ihrem eigenen Körper beschreiben?
- Wenn Sie in den Spiegel schauen, was sehen Sie?
- Wenn andere Menschen Sie anschauen, was sehen die?
- Wie wichtig ist es Ihnen heute, Sexualität und Intimität zu leben?
- War das schon immer so, oder ist das etwas Neues?
- Haben Veränderungen in diesem Bereich einen Einfluss auf Ihre Lebensqualität?
- Wie gehen Sie mit diesen Veränderungen um?
- Falls Sie ein Bedürfnis haben, sich darüber auszutauschen, wo und mit wem können Sie darüber sprechen?
- Wie ist die Vorstellung für Sie, mit jemand anderem als Ihrem verstorbenen Partner/Ihrer verstorbenen Partnerin Nähe zu erleben? Gibt es da einen bestimmten Zeitpunkt? Was müsste passieren, dass dies geschehen könnte?
- Gibt es etwas oder jemanden, der oder das Sie daran hindert?
- Würden Sie Ihre Sexualität und Intimität gegenwärtig gerne ausleben?
- Wenn Sie sich das konkret vorstellen, wie fühlt sich das an?

- Wie geht es Ihnen damit, sexuell aktiv zu sein?
- Macht es für Sie einen Unterschied, ob Sie zu Hause sind oder im Krankenhaus?
- Gab es in letzter Zeit Hindernisse, die Sie davon abhielten, Ihre Sexualität auszuleben?

Da es bislang in der Literatur noch wenig Berichte zu Erfahrungen aus der Praxis gibt, wäre es schön, wenn Sie als Leser mir Beispiele gelungener Begleitung schicken (traugott.roser@uni-muenster.de) oder auch andernorts veröffentlichen und somit anderen zur Verfügung stellen würden.

Verwendete und empfohlene Literatur

Altschuler, J. (2005). Illness and Loss within the Family. In: Firth, P, Luff, G., Oliviere, D. (Hrsg.), Loss, Change, and Bereavement in Palliative Care (S. 53–65). Maidenhead (UK): Open University Press.

Bargenda, H., Lammer K., Terjung, J. (Hrsg.) (2013). Kostbare Zeit – Was Eltern erleben, wenn ihr Kind stirbt: Elterninterviews. Praxisberichte und eine wissenschaftliche Reflexion von Kerstin Lammer. Göttingen.

Bechdel, A. (2006). Fun Home. A Family Tragicomic. Boston/New York: Houghton Mifflin (deutsche Ausgabe: Fun home. Eine Familie von Gezeichneten. Köln: Kiepenheuer & Witsch, 2008).

Berberich, H. J. (2014). Sexualität und Alter. In A. Stirn, R. Stark, K. Tabbert, S. Wehrum-Osinsky, S. Oddo (Hrsg.), Sexualität, Körper und Neurobiologie. Grundlagen und Störungsbilder im interdisziplinären Fokus (S. 408–419). Stuttgart: Kohlhammer.

Bowlby, J. (1980). Das Glück und die Trauer. Herstellung und Lösung affektiver Bindungen. Stuttgart: Klett-Cotta.

Büssing, A., Janko, A., Kopf, A., Lux, E. A., Frick, E. (2012). Zusammenhänge zwischen psychosozialen und spirituellen Bedürfnissen und Bewertung von Krankheit bei Patienten mit chronischen Erkrankungen. Spiritual Care 1, 57–73.

Camacho, M. E., Reyes-Ortiz, C. A. (2005). Sexual Dysfunction in the Elderly: Age or Disease? International Journal of Impotence Research 17, 52–56.

Casella, R., Deckart, A., Bachmann, A., Sulser, T., Gasser, T. C., Lehmann, K. (2004). Patient's Selfevaluation Better Predicts the Degree of Erectile Dysfunction than Response to Intracavernous Alprostadil Testing. Urologia Internationales, 72, 216–220.

Delisle, B. (2014). Sexuelle Funktionsstörungen der Frau. In A. Stirn, R. Stark, K. Tabbert, S. Wehrum-Osinsky, S. Oddo (Hrsg.), Sexualität, Körper und Neurobiologie. Grundlagen und Störungsbilder im interdisziplinären Fokus (S. 193–205). Stuttgart: Kohlhammer.

Doka, K. (2001). Men Don't Cry, Women Do: Transcending Gender Stereotypes of Grief. Philadelphia: Brunner-Mazel.

Dyregrov, A., Gjestad, R. (2011). Sexuality Following the Loss of a Child. Death Studies, 35, 289–315.

Eakin, P. J. (2008). Living Autobiographically: How We Create Identity in Narrative. Ithaca/London: Cornell University Press.

Eder, J. (1999). Dramaturgie des Populären Films. Drehbuchpraxis und Filmtheorie. Münster: LIT.

Ensler, E. (2000). Die Vagina-Monologe. Mit einem Nachwort von G. Steinem. Hamburg: Edition Nautilus.

Exum, J. C. (1993). Fragmented Women. Feminist (Sub)versions of Biblical Narratives. Sheffield: Sheffield Academic Press.

Faulstich, W. (2013). Grundkurs Filmanalyse (3. Aufl.). Paderborn: Finck.

Fegg, M., Kramer, M., Stiefel, F., Borasio, G. D. (2008). Lebenssinn trotz unheilbarer Erkrankung? Die Entwicklung des Schedule for Meaning in Life Evaluation (SMiLE). Zeitschrift für Palliativmedizin, 9, 238–245.

Feiter, R., Müller, H. (Hrsg.) (2013). Frei geben. Pastoraltheologische Impulse aus Frankreich (2. Aufl.). Ostfildern: Grünewald.

Feuerstein, H.-J. (2000). Erfülltes Leben. Eugene T. Gendlin und die Entwicklung des Focusing. In H.-J. Feuerstein, D. Müller, A. Weiser Cornell (Hrsg.), Focusing im Prozess. Ein Lesebuch (S. 92–97). Köln: GwG /Karlsruhe: FZK.

Gendlin, E. T. (2008). Focusing: Selbsthilfe bei der Lösung persönlicher Probleme (7. Aufl.). Reinbek: Rowohlt.

Georgiadis, J. R. (2014). Die Neuroanatomie der sexuellen Lust: Gehirn, Orgasmus und mehr. In A. Stirn, R. Stark, K. Tabbert, S. Wehrum-Osinsky, S. Oddo (Hrsg.), Sexualität, Körper und Neurobiologie. Grundlagen und Störungsbilder im interdisziplinären Fokus (S. 144–157). Stuttgart: Kohlhammer.

Gilbert, E., Ussher, J. M., Hawkins, Y. (2009). Accounts of Disruptions to Sexuality Following Cancer: The Perspective of Informal Carers Who Are Partners of a Person With Cancer. Health (London), 13 (5), 523–541.

Gilbert, E., Ussher, J. M., Perz, J. (2010a). Sexuality After Breast Cancer: A Review. Maturitas 66 (4), 397–407.

Gilbert, E., Ussher, J. M., Perz, J. (2010b). Renegotiating Sexuality and Intimacy in the Context of Cancer: The Experiences of Carers. Archives of Sexual Behavior 39 (4), 998–1009.

Goddard, H. L., Leviton, D. (1979). Intimacy-Sexuality Needs of the Bereaved: An Exploratory Study. Death Education, 3, 4, 347–358.

Goebel, R. (2014). Einführung in die Neurobiologie. In A. Stirn, R. Stark, K. Tabbert, S. Wehrum-Osinsky, S. Oddo (Hrsg.), Sexualität, Körper und Neurobiologie. Grundlagen und Störungsbilder im interdisziplinären Fokus (S. 18–32). Stuttgart: Kohlhammer.

Gott, M. (2005). Sexuality, Sexual Health and Ageing. Berkshire (UK): Open University Press.

Gruchella, B., Debus, G. (2006). Körperlichkeit und Sexualität der älteren

Frau – Chance oder Tabu für die behandelnden Ärztinnen und Ärzte? Anamnese und Konsequenzen für die frauenärztliche Praxis. Journal für Menopause, 13 (1), 6–10.
Gutmann, H.-M. (2002). Mit den Toten leben – eine evangelische Perspektive, Gütersloh: C. Kaiser/Gütersloher Verlagshaus.
Haspel, M. (2001). Artikel »Sexualität, Sexualethik«. In Evangelisches Soziallexikon. Neuausgabe (Sp. 1393–1402). Stuttgart: Kohlhammer.
Hawkins, Y., Ussher, J., Gilbert, E., Perz, J., Sandoval, M., Sundquist, K. (2009). Changes in Sexuality and Intimacy After the Diagnosis and Treatment of Cancer: The Experience of Partners in a Sexual Relationship With a Person With Cancer. Cancer Nursing, 32 (4), 271–280.
Hertzberg, H. W. (1956). Die Samuelbücher. Göttingen: Vandenhoeck & Ruprecht.
Jüngel, E. (1971). Tod. Stuttgart: Kreuz.
Klessmann, M. (2004). Pastoralpsychologie. Ein Lehrbuch. Neukirchen-Vluyn: Neukirchener Verlagshaus.
Klucken, T., et al. (2009). Neural Activations of the Acquisition of Sexual Arousal. Effects of Contingency Awareness and Sex. Journal of Sexual Medicine, 6, 3071–3085.
Knauss, S. (2014). More than a Provocation. Sexuality, Media and Theology. Göttingen: Vandenhoeck & Ruprecht.
Körtner, U. H. J. (2004). Art. »Sexualität II. Theologisch und anthropologisch«. In: Religion in Geschichte und Gegenwart (4. Aufl.). Bd. 7 (Sp. 1247 f.). Tübingen: Mohr Siebeck.
Kreuels, M. (2012). 17 Jahre wir: Heike ist gegangen. Norderstedt: Books on Demand.
Lammer, K. (2004). Trauer verstehen. Formen – Erklärungen – Hilfen. Neukirchen-Vluyn: Neukirchener Verlagshaus.
Lämmermann, G. (2002). Wenn die Triebe Trauer tragen. Von der sexuellen Freiheit eines Christenmenschen. München: Claudius.
Lang, A., Gottlieb, L. (1993). Parental Grief Reactions and Marital Intimacy Following Infant Death. Death Studies, 18, 233–255.
Lüthi, K. (2001). Christliche Sexualethik. Traditionen, Optionen, Alternativen, Wien, Köln, Weimar: Böhlau.
Mauer, M. C., Petersen, Y., Loetz, C., Frick, E. (2014). Umgang mit Trennungsunsicherheit aus einer spirituellen und bindungstheoretischen Perspektive in der palliativen Situation. Zeitschrift für Palliativmedizin, 15, 70–78.
Metzger, C. D., Abler, B., Walter, M. (2014). Neurobiologische Korrelate sexueller Verarbeitung. In A. Stirn, R. Stark, K. Tabbert, S. Wehrum-Osinsky, S. Oddo (Hrsg.), Sexualität, Körper und Neurobiologie. Grundlagen und Störungsbilder im interdisziplinären Fokus (S. 130–143). Stuttgart: Kohlhammer.
Monaco, J. (2000). Film verstehen: Kunst, Technik, Sprache, Geschichte und

Theorie des Films und der Medien. Mit einer Einführung in Multimedia (10. Aufl.). Reinbek: Rowohlt.

Müller, M., Brathuhn, S., Schnegg, M. (2013) (Hrsg.), Handbuch Trauerbegegnung und -begleitung. Theorie und Praxis in Hospizarbeit und Palliative Care. Göttingen: Vandenhoeck & Ruprecht.

Müller, W. (2001). Seid reinlich bei Tage und säuisch bei Nacht (Goethe) oder: Betrachtungen über die schönste Sache der Welt im Spiegel der deutschen Sprache – einst und jetzt. In R. Hoberg (Hrsg.), Sprache – Erotik – Sexualität (S. 11–61). Berlin: Erich Schmidt.

Müllner, I. (1999). Blickwechsel: Batseba und David in Romanen des 20. Jahrhunderts. In J. C. Exum (Hrsg.), Beyond the Biblical Horizon. The Bible and the Arts (S. 90–108). Leiden u. a.: Brill.

Niemiec, R. M., Wedding, D. (2008). Positive Psychology at the Movies. Using Films to Build Virtues and Character Strengths. Göttingen: Hogrefe.

Osborn, W. (2014). Psychoanalyse und Sexualität – Von Freud bis in die Gegenwart. In A. Stirn, R. Stark, K. Tabbert, S. Wehrum-Osinsky, S. Oddo (Hrsg.), Sexualität, Körper und Neurobiologie. Grundlagen und Störungsbilder im interdisziplinären Fokus (S. 57–70). Stuttgart: Kohlhammer.

Pisarski W (2001). Anders trauern anders leben (7. Auflage). Gütersloh: Gütersloher Verlagshaus.

Presseamt des Erzbistums Köln (1987). Aids – vier Aussagen des Erzbischofs von Köln. Zeitfragen, Nr. 41/87.

Roser, T. (2013). Schäm dich! Die verschwiegene Seite der Trauer. Leidfaden – Fachmagazin für Krisen, Leid, Trauer, 2, 23–28.

Schibilsky, M. (1989). Trauerwege: Beratung für helfende Berufe. Düsseldorf: Patmos.

Schnegg, M. (2014). Erwärmen in der Trauer. Psychodramatische Methoden in der Begleitung. Göttingen: Vandenhoeck & Ruprecht.

Schultz-Zehden, B.: Wie wandelt sich Sexualität im Alter? http://www.fu-berlin.de/presse/publikationen/fundiert/archiv/2004_01/04_01_schultz-zehden/index.html (aktualisiert 2011).

Sielert, U. (1992). Sexualerziehung – Konzeption und didaktische Hilfen für die Aus- und Fortbildung. Weinheim: Beltz.

Stirn, A., Stark, R., Tabbert, K., Wehrum-Osinsky, S., Oddo, S. (Hrsg.) (2014). Sexualität, Körper und Neurobiologie. Grundlagen und Störungsbilder im interdisziplinären Fokus. Stuttgart: Kohlhammer.

Strauß, B. (2014). Bindungstheorie. In A. Stirn, R. Stark, K. Tabbert, S. Wehrum-Osinsky, S. Oddo (Hrsg.), Sexualität, Körper und Neurobiologie. Grundlagen und Störungsbilder im interdisziplinären Fokus (S. 46–56). Stuttgart: Kohlhammer.

Teischel, O. (2007). Die Filmdeutung als Weg zum Selbst. Einführung in die Filmtherapie, Norderstedt: Books on Demand.

Walker, A. (2011). Die Farbe Lila. Aus dem amerikanischen Englisch von Helga Pfetsch (5. Aufl.). Köln: Bastei Lübbe.
Wasner, M., Bold, U., Borasio, G. D. (2004). Sexuality in Patients With Amyotrophic Lateral Sclerosis and Their Partners. Journal of Neurology, 251, 445–448.
Wasner, M., Roser, T. (2009). Bedeutung von Sexualität und Intimität bei onkologischen Palliativpatienten. ÄP Onkologie.
Watson, J. (2008). Autographic Disclosures and Genealogies of Desire in Alison Bechdel's Fun Home. Biography, 31/1, 27–58.
Weiser Cornell, A. (in Zusammenarbeit mit B. McGavin) (2013). Die Kunst des Annehmens. Leben und Arbeiten mit Focusing. Norderstedt: Books on Demand.
Wermuth I (2010). Palliative Behandlung und Sterben auf einer Neugeborenen-Intensivstation. Kassel: Kassel University Press.
WHO (2004). Department of Reproductive Health and Research, Progress in Reproductive Health Research Nr. 67. Genf.
Wong, P. T. P. (2008). Transformation of Grief through Meaning. Meaning centered Counseling for Bereavement. In A. Tomen, G. T. Elison, P. T. P. Wong (Hrsg.), Existential and Spiritual Issues in Death Attitudes (S. 375–396). New York: Lawrence Erlbaum Ass.
Worden, P. T. P. (2008). Beratung und Therapie in Trauerfällen. Ein Handbuch (4., überarb. Aufl.). Bern u. a.: Hans Huber.
Zwierlein-Rockenfeller, S. (2013). Focusing-unterstütze Trauerbegleitung. In M. Müller, S. Brathuhn, M. Schnegg (Hrsg.), Handbuch Trauerbegegnung und -begleitung. Theorie und Praxis in Hospizarbeit und Palliative Care (S. 213–221). Göttingen: Vandenhoeck & Ruprecht.

Edition Leidfaden

Monika Müller
Trauergruppen leiten
Betroffenen Halt und Struktur geben
2014. 124 Seiten, kartoniert
ISBN 978-3-525-40237-5
eBook: ISBN 978-3-647-40237-6

Trauernde Menschen haben vielfach keine Unterstützung in ihrem Umfeld. Aus Unwissenheit und Scheu vor den großen Gefühlen wehren Familienangehörige, Kollegen, Nachbarn und Freunde Klagen und andere Leidäußerungen ab. Der Rückhalt in einer Gruppe ist deshalb für die Hinterbliebenen, erst recht als ganz allein Zurückgebliebene, von großer Bedeutung. In einer Trauergruppe erfahren sie, dass sie nicht allein sind, dass sie richtig fühlen, dass sich Trauer verändert und leichter werden kann. Das Buch bietet eine konkrete Abfolge von Trauergruppen-Terminen an, die Gruppenleiter/-innen nutzen und variieren können. Arbeitsmaterial und Kopiervorlagen sind als Download verfügbar.

Matthias Schnegg
Erwärmen in der Trauer
Psychodramatische Methoden in der Begleitung
2014. 138 Seiten, mit 17 Abb., kartoniert
ISBN 978-3-525-40232-0
eBook: ISBN 978-3-647-40232-1

Gerade in Krisensituationen, und dies trifft insbesondere auf die Trauer zu, ist es wichtig, neue Perspektiven eröffnen zu können. Beispiele aus der therapeutischen und seelsorgerlichen Praxis zeigen die Möglichkeiten psychodramatischer Methoden in der Trauerbegleitung. Durch das »Erwärmen« kann die oft erstarrte und lebenskältende Trauer wieder zugängig gemacht werden. Das Buch macht Mut zur Anwendung. Ein Glossar aus der Fachsprache des Psychodramas erleichtert den Einstieg in diese wieder ins Leben lockende Begleitform.

www.v-r.de

Edition Leidfaden

Willy Peter Müller
Trauer in Träumen
Traumbilder können helfen und heilen
2014. 126 Seiten, kartoniert
ISBN 978-3-525-40236-8
ebook: ISBN 978-3-647-40236-9

Der beste Zugang zum Unbewussten ist der Traum. Träume können Auskunft geben zu Fragen in einer Trauersituation. Träume können die Wahrheit zeigen und sogar Lösungsvorschläge enthalten. Damit sind sie für die Trauerarbeit sehr förderlich. Das Buch richtet sich an Trauerbegleiter, die die Träume ihrer Klienten als wichtige Botschaft verstehen wollen. Neben Erläuterungen über das Wesen des Trauerns und die Theorie des Träumens werden sieben goldene Regeln für die praktische Traumdeutung vorgestellt. Sehr nützlich ist auch das kleine Lexikon der Traumsymbole zum Themenfeld Trauer, Verlust, Beziehung.

Marion Schenk
Suizid, Suizidalität und Trauer
Gewaltsamer Tod und Nachsterbewunsch in der Begleitung
2014. 132 Seiten, mit 10 Abb., kartoniert
ISBN 978-3-525-40238-2
ebook: ISBN 978-3-647-40238-3

Wenn sich ein naher Angehöriger das Leben nimmt, sind die Zurückgebliebenen von der Intensität der eigenen Emotionen und ihren Gedanken zu Schuld und Verantwortung überwältigt. Darüber hinaus werden sie mit Vorwürfen, Ablehnung oder Schuldzuweisungen durch das Umfeld konfrontiert. Häufig spüren sie in sich einen Nachsterbewunsch. Marion Schenk klärt über suizidale Entwicklungen und mögliche Ursachen für eine Selbsttötung auf. Durch die Verknüpfung von theoretischen Informationen und praktischen Beispielen werden den Begleitern Unsicherheiten und Ängste genommen.

www.v-r.de

Edition Leidfaden

Eduard Zwierlein
Denken kann trösten
Trauer verständnisvoll begleiten
2014. 131 Seiten, mit 2 farb. Abb., kartoniert
ISBN 978-3-525-40235-1

Es gibt Zeiten, da sind wir ganz untröstlich. Trauer erfasst den ganzen Menschen und so wird auch sein Denken traurig. In der Weisheitsliteratur der Menschheit finden sich viele gute, wegweisende und heilende Gedanken für Trauernde wie auch für Menschen, die ihnen in der Trauer beistehen. Ist das Denken – in allem Schweigen und Hören, Sagen und Fragen – gutes Denken, so kann es Trauernden Trost und Lebenshilfe sein. Es kann helfen, einen Weg zu öffnen, der mehr zu sich selbst und wieder zu lebendigem Leben führt.

Leidfaden. Fachmagazin für Krisen, Leid, Trauer

Die Zeitschrift möchte allen, die Menschen nach Verlusten und in Krisensituationen wie Sterben, Tod und Trauer therapeutisch, medizinisch oder seelsorgerlich begleiten, zur Seite stehen und sie mit fundierten Beiträgen bei ihrer Arbeit unterstützen.

ISSN 2192-1202
Erscheinungsweise: 4 Hefte jährlich mit einem Gesamtumfang von je ca. 90 Seiten, durchgehend farbig.
Der Bezug umfasst neben der gedruckten Ausgabe den Zugang zur Online-Version der Zeitschrift.

Mehr Informationen zur Zeitschrift erhalten Sie auf unserer Homepage:
www.v-r.de/leidfaden

www.v-r.de

Grundlagen Trauerbegleitung

Monika Müller / Sylvia Brathuhn / Matthias Schnegg
Handbuch Trauerbegegnung und -begleitung
Theorie und Praxis in Hospizarbeit und Palliative Care
Unter Mitarbeit von T. Adelt, T. Breidbach, C. Fleck-Bohaumilitzky, F. Grützner, M. Kern, D. Klass, B. Papendell, D. Pfister, R. Rosner, M. Weber, S. Zwierlein-Rockenfeller. 2013. 292 Seiten, mit 3 Abb. und 1 Tab., kartoniert
ISBN 978-3-525-45188-5
eBook: 978-3-647-45188-6

»Als Grundlagenliteratur ist diese Neuerscheinung uneingeschränkt zu empfehlen sowohl für bereits in der Trauerbegegnung und -begleitung tätige Menschen, wie auch für solche, die sich auf eine solche Aufgabe vorbereiten (wollen) und nicht zuletzt für alle im hospizlichen und palliativen Bereich Tätige.«
Zeitschrift für Palliativmedizin (Norbert Mucksch)

Mehr unter www.v-r.de/trauer

Arnold Langenmayr
Einführung in die Trauerbegleitung
2013. 277 Seiten, kartoniert
ISBN 978-3-525-40346-4

»Das Buch bietet viele Anregungen, sich auch auf der konkreten Handlungsebene mit Sterben, Tod und Trauer auseinander zu setzen.[...] ...vermittelt der Autor seine umfangreiche Erfahrung und dies in einer sehr menschlichen, sympathischen Art.«
schule.at (DDr. Franz Sedlak)

»Arnold Langenmayr gibt einen Überblick über Traueranlässe, Trauerarten, Trauerprozesse und psychische Symptome bei Trauer. Er stellt außerdem ein breites Spektrum an Beratungs- und Therapieansätzen vor, erläutert ihre Anwendung bei Trauer und veranschaulicht dies mit Praxisbeispielen aus Therapie und Beratung.«
theology.de

www.v-r.de